Crossway Books by Mark Dever

Az egészséges gyülekezet kilenc jellemzője

A tudatos gyülekezet
(Paul Alexander közreműködésével)

Az evangélium és a személyes evangélizáció

*Az Ószövetség üzenete:
Megkapott ígéretek*

*Az Újszövetség üzenete:
Megtartott ígéretek*

Az egyház és kihívásai

MILYEN AZ EGÉSZSÉGES GYÜLEKEZET?

MARK DEVER

Paulus Alapítvány
Diósd, 2021

Original title: What Is a Healthy Church?
Copyright © 2005, 2007 by Mark E. Dever and 9Marks
Published by Crossway, a publishing ministry of Good News Publishers
Wheaton, Illinois 60187, U.S.A.
This edition published by arrangement with Crossway.
All rights reserved.

Hungarian edition © 2021 by Paulus Alapítvány

Fordította Rédl Petra
Szerkesztette Kiss Péter

A bibliai idézeteket a Magyar Bibliatársulat által kiadott revideált új fordítású (2014) Bibliából vettük át.

9Marks ISBN: 978-1-955768-59-7

Hálás vagyok Istennek a hűséges lelkészekért, akiket megismerhettem:

Harold Purdy
Wally Thomas
Ed Henegar

TARTALOMJEGYZÉK

A magyar kiadó előszava 9
Előszó: Példázat 11
Bevezetés: Mit keresünk egy gyülekezetben? 15

1. RÉSZ: MILYEN AZ EGÉSZSÉGES GYÜLEKEZET?

1. Keresztény mivoltunk és gyülekezetünk 23
2. Mi a gyülekezet… és mi nem? 35
3. Az egészséges működésre való törekvés minden gyülekezettől elvárható 41
4. A mindent elsöprő útmutató: Hogyan tükrözzük Isten képmását? 51

2. RÉSZ: AZ EGÉSZSÉGES GYÜLEKEZET SAROKKÖVEI

5. Magyarázó igehirdetés 65
6. Bibliai teológia 71
7. Evangélium a Biblia szerint 77

3. RÉSZ: AZ EGÉSZSÉGES GYÜLEKEZET FONTOS JELLEMZŐI

8. Megtérés a Biblia szerint 87
9. Evangélizáció a Biblia szerint 93
10. Tagság a Biblia szerint 97
11. Gyülekezeti fegyelem a Biblia szerint 105
12. Tanítványság és növekedés a Biblia szerint 111
13. Gyülekezetvezetés a Biblia szerint 117
14. Zárszó: Jöjjön a gyakorlat! 125

Függelék: Példa az egészséges gyülekezetben kötött szövetségre 129
Köszönetnyilvánítás 131

A MAGYAR KIADÓ ELŐSZAVA

Milyen az egészséges gyülekezet? Ezt a kérdést valószínűleg minden kor minden kultúrájában feltették maguknak a Krisztust követő evangéliumi keresztények. Vajon melyek azok a bibliai szempontok, amelyek alapján diagnózist állíthatunk fel egy helyi gyülekezet egészségével kapcsolatban? Mark Dever a *Milyen az egészséges gyülekezet?* című könyvében három elengedhetetlen és további hat nagyon fontos jellemzőre hívja fel nem csak a lelkipásztorok, a gyülekezetvezetők és a gyülekezetplántálók, hanem minden hívő, minden gyülekezeti tag figyelmét is.

Mark Dever magyar nyelven megjelenő írását – amit kézben tart a kedves olvasó – reményeink szerint további sorozatrészek követik, melyek egyenként részletezik e bevezető kötetben bemutatott kilenc jellemzőt, és továbbiakkal egészítik ki azokat.

A *9Marks* könyveket a kiadó eredetileg a saját gyülekezetplántáló szolgálatához szerette volna használni, a témák jelentőségét felismerve viszont arra jutott, hogy a kiadvány a sorozat további részeivel együtt a magyar evangéliumi közösség egésze számára is építő, sőt, hiánypótló anyag lehet. Ezért adja most közre széles körben, azt remélve, hogy felekezetektől függetlenül áldás lesz Biblia szerint működő, egészséges gyülekezetek kialakításában, építésében, megújításában.

2021. július

Paulus Alapítvány

ELŐSZÓ: PÉLDÁZAT

Márpedig Isten rendezte el a tagokat a testben, egyenként mindegyiket, ahogyan akarta. Ha pedig valamennyi egy tag volna, hol volna a test? Így bár sok tagja van, mégis egy a test. Nem mondhatja a szem a kéznek: „Nincs rád szükségem", vagy a fej a lábaknak: „Nincs rátok szükségem!"

— 1KORINTHUS 12,18–21

Orr és Kéz a gyülekezeti padsorban beszélgetett. Most ért véget a Fül és Száj által vezetett reggeli istentisztelet, Kéz pedig éppen azt ecsetelte Orrnak, hogy családjával új gyülekezet keresése mellett döntöttek.

– Tényleg? – válaszolta Orr. – Miért?

– Hát, nem is tudom – felelte Kéz lesütött szemmel. Többnyire lassabban fogalmazott, mint a gyülekezet többi tagja. – Azt hiszem, azért, mert ebben a gyülekezetben nincs meg az, amit Kéznével keresünk.

– Miért, mit kerestek egy gyülekezetben? – kérdezte Orr. Együttérző hangon szólt hozzá, de előre tudta, hogy úgysem fogadja el, amit válaszolni fog. Ha Kézék nem veszik észre, hogy Orrék és a többi vezető jó irányba tereli a gyülekezetet, akkor bizony nélkülük is meglesznek.

Kéznek át kellett gondolnia a választ. Mind ő, mind Kézné kedvelte Száj lelkészt és a családját. Fül, a zenei szolgálat vezetője pedig jót akart. – Nos, azt hiszem, olyan helyet

keresünk, ahol az emberek hasonlóbbak hozzánk – bökte ki végül Kéz.
– Próbáltunk időt tölteni Lábékkal, de nem igazán kapcsolódtunk hozzájuk. Aztán csatlakoztunk Lábujjék kiscsoportjához, de ők meg folyton zoknikról, cipőkről és szagokról beszéltek. Az pedig minket nem érdekelt.
Orr ekkor őszinte döbbenettel nézett rá:
– Te nem örülsz neki, hogy törődnek a szagokkal?!
– De, hogyne. Csak ez valahogy nem nekünk való. Utána eljártunk hozzátok, az arcvonások vasárnapi iskolájába. Emlékszel? Pár hónapja több vasárnap is ott voltunk.
– Örültünk, hogy jöttetek.
– Köszönjük. De mindenki csak beszélni, hallgatni, szagolni és ízlelni akart. Olyan érzésünk támadt, mintha senki sem akarna munkához látni, hogy bepiszkolja a kezét. Egyébként Kéznével arra gondoltunk, hogy megnézzük azt az új gyülekezetet a város keleti részén. Úgy hallottuk, ők sokat tapsolnak, meg szeretik felemelni a kezüket, és ez közelebb áll ahhoz, amire jelenleg szükségünk van.
– Hm – válaszolta Orr –, értem már, mire gondolsz. Nagyon sajnálnánk, ha elmennétek. De, gondolom, azt kell tennetek, ami nektek jó.
Ekkor Kézné – aki eddig másokkal beszélgetett – odafordult, hogy csatlakozzon a férjéhez és Orrhoz. Kéz röviden elmondta neki, miről beszélgettek Orr-ral, majd Orr ismét kifejezte, mennyire elszomorítja, hogy elveszíthetik Kézéket. De újra biztosította őket arról, hogy megérti őket, hiszen az elmondottak alapján ez a gyülekezet nem elégíti ki a szükségleteiket.
Kézné egyetértően bólogatott. Udvarias akart lenni, de őszintén szólva nem bánta, hogy elmennek. Férje az elmúlt

ELŐSZÓ

években már épp elég kritikus megjegyzést tett a gyülekezetről ahhoz, hogy az ő szíve is hasonuljon hozzá. Nyíltan persze sosem fakadt ki vele szemben. Sőt mi több, általában elnézést is kért, hogy „ilyen negatív", ahogyan ő fogalmazott. Ám az itt-ott elejtett apró-cseprő panaszok megtették a hatásukat. A kiscsoportok tényleg klikkesedtek egy kicsit. A zene valóban elég régimódi volt. A programok csakugyan kissé bugyutának hatottak. A tanítás pedig szintén nem nyerte el teljesen a tetszésüket. Így végül, bár nehezükre esett volna megnevezni az okát, úgy határoztak, hogy ez a gyülekezet nem nekik való.

Mindemellett Kéznének az is tudomására jutott, hogy lányuk, Kisujj nem érzi jól magát az ificsoportban. Mindenki annyira más volt, mint ő, hogy egészen „kificamodva" érezte ott magát.

Ezután Kézné valami olyasmiről beszélt, hogy milyen nagyra értékeli Orrot és a vezetőséget. De Orr ekkorra már túl hosszúnak érezte a beszélgetést, ráadásul Kézné parfümjétől tüsszentenie kellett. Megköszönte neki az elismerést, ismét elmondta, mennyire sajnálja, hogy elmennek, majd sarkon fordult és elsétált. Kinek lenne itt szüksége Kézékre? Úgy tűnt, hogy nekik sincs szükségük Orr-ra.

BEVEZETÉS:
MIT KERESÜNK EGY GYÜLEKEZETBEN?

Szóval mit keresünk egy gyülekezetben? Az utóbbi időben talán nem is gondolkodtunk ezen. De most szánjunk rá egy percet, hogy feltegyük magunknak a kérdést: Milyen az ideális gyülekezet? „Az ideális gyülekezet az a hely, ahol..."

Szép a zene: érződik benne a képzettség és a tapasztalat. Persze csak semmi gitár vagy dob; itt bizony énekkarra és hegedűre van szükség, hiszen Istennek a szép zene szerez dicsőséget. Ám az is lehet, hogy korszerű, modern hangszereket, vagyis épp hogy gitárt és dobot szeretnénk. Az emberek ezt hallgatják a rádióban, úgyhogy a saját stílusukban szóljunk hozzájuk!

Az is előfordulhat, hogy a zenét nem tartjuk annyira fontosnak, mint az igehirdetést. Talán olyan gyülekezetre vágyunk, ahol jók a prédikációk – mélyek, de nem szigorúak; biblikusak, de nem unalmasak; gyakorlatiasak, de nem szőrszálhasogatók vagy törvényeskedők. Persze a lelkész személye is meghatározhatja a prédikációk milyenségét, és igencsak sokféle lelkésszel találkozhatunk: ott az elmélyült tudóstípus, aki rajong a hitelvekért, és sosem mosolyog; a vicces fazon, aki tele van sztorikkal; továbbá a családterapeuta, aki „már mindent megélt". Persze most sarkítok, de a legtöbbünknek azért van némi elvárása a lelkész személyével kapcsolatban, nem?

Vagy esetleg olyan gyülekezetet keresünk, ahol az emberek hozzánk hasonló élethelyzetben vannak, mert könynyű hozzájuk kapcsolódnunk. Mivel ők is ugyanazt élik át, mint mi, pontosan értik, éppen min megyünk keresztül. Ők is most végeztek az egyetemen, esetleg nekik is kisgyermekeik vannak, vagy lassan ők is nyugdíjba mennek. Csakúgy, mint mi, tudják, mit jelent turkálókban vásárolni, vagy éppen hozzánk hasonlóan ők is dizájnerbutikokból öltözködnek. Esetleg szintén belvárosiak, vagy talán éppen hogy ők is vidékiek.

Az is megeshet, hogy a kapcsolódási lehetőségeket tartjuk a gyülekezet legfontosabb jellemzőinek – azokat az alkalmakat, amelyeken szolgálhatunk és jót tehetünk másokkal. Vajon jól megy a gyülekezetnek az evangélizáció? Hát a missziós szolgálat? Mi a helyzet a szegények megsegítésével? Teremtenek rá módot, hogy apa és fia más apákkal és fiakkal találkozzanak? Hogyan állnak gyerekek számára kínált lehetőségekkel? Vannak olyan programok, amelyek lekötik a kis- vagy kamasz gyermekek figyelmét?

Feltételezem, hogy egyesek inkább „a Lélek hangjára érzékeny" gyülekezetet keresnek. Mivel a Lélek vezetése szerint élünk, talán olyan gyülekezetet szeretnénk, ahol az emberek hamar meghallják a Lélek hangját, gyorsan felfigyelnek a munkájára, és azonnal hisznek minden csodás dologban, amelyre képes. Talán elegünk van abból, hogy

Mit keresünk egy gyülekezetben? 17

a Lélek munkáját kioltó, hagyománykedvelő emberek vesznek körül bennünket. Hiszen a Lélek új dolgokat visz véghez, és új éneket ad a szánkba!

Vagy az is lehet, hogy olyan gyülekezetet keresünk, amely egy bizonyos érzetet kelt bennünk. Nem mintha ezt valaha is megfogalmaztuk volna magunknak, de ha eddig olyan gyülekezethez szoktunk hozzá, amely olyan, mint egy bevásárlóközpont, vagy régi kápolnához, esetleg kávéházhoz hasonlít, akkor érthető, hogy a számunkra ideális gyülekezet pontosan ennek érzetét idézi fel bennünk. Ez nem meglepő. Gondoljunk csak bele, hányszor kapjuk magunkat azon, hogy miután elköltözünk a szülői házból, olyan képeken, illatokon vagy hangokon nosztalgiázunk, amelyek édesanyánk vagy édesapánk régi szokásaihoz kapcsolódtak!

Ezek között sok jó – vagy legalábbis semleges – dolgot találunk. Most pedig gondoljuk át, mit is tekintünk értéknek egy gyülekezetben!

Mit keresünk? Olyan helyet, ahol szívesen látnak bennünket? Amelyik lelkes vagy hiteles? Esetleg nagy, vagy inkább bensőséges? Menő és izgalmas, esetleg a végsőkig elkötelezett?

Milyen legyen a gyülekezet?

Egy minden keresztényt érintő kérdéskör

Mielőtt megvizsgáljuk, hogy a Biblia szerint milyennek kell lenniük a gyülekezeteknek – amit az első pár fejezetben meg is teszünk –, szeretném, ha átgondolnád, miért éppen neked tettem fel ezt a kérdést, különösen akkor, ha nem lelkész vagy. Hiszen az egészséges gyülekezetről szóló könyv végső soron lelkipásztoroknak és gyülekezetvezetőknek szól, nem?

Nos, valóban: lelkipásztoroknak is, de minden egyéb kereszténynek is. Ne feledjük: *az Újszövetség szerzői bennünket szólítanak meg.* Amikor a galáciabeli gyülekezetek hamis tanítókra kezdtek hallgatni, Pál azt írta nekik: „Csodálkozom, hogy attól, aki Krisztus kegyelme által elhívott titeket, ilyen hamar más evangéliumhoz pártoltok" (Gal 1,6). Kiket vont felelősségre Pál azért, hogy hamis tanítás terjedt a gyülekezeteikben? Nemcsak a lelkipásztorokat, hanem magukat a gyülekezeteket is. Azt várnánk tőle, hogy a gyülekezetvezetőknek ír, mondván: „Ne tanítsátok tovább ezt az eretnekséget!" De nem így tett, hanem az egész gyülekezetet vonta felelősségre.

Pál akkor is közvetlenül a gyülekezetet szólította meg, amikor a Korinthus városában élő keresztény közösség elnézte, hogy a köreikben akadálytalanul zajlik egy házasságtörő kapcsolat (1Kor 5). Nem a lelkipásztorokat vagy a munkatársakat kérte fel, hogy oldják meg a problémát, hanem magát a gyülekezetet bízta meg vele.

Ez az alapelv az Újszövetség apostoli leveleinek nagy részében megjelenik.

Bízom benne, hogy az I. századi lelkipásztorok is odafigyeltek, amikor Pál, Péter, Jakab és János a gyülekezeti közösségüknek írt. Illetve remélem, hogy kezdeményezték és vezették az apostoli levelek útmutatásai alapján tett lépéseket. Az apostolok példáját követve én is hozzátok, lelkipásztorokhoz és gyülekezeti tagokhoz szólok, és azt hiszem, ezáltal oda kerül a felelősség súlya, ahová végső soron – emberileg – tartozik. Keresztényként a gyülekezetünk valamennyi tagjával együtt mi magunk is Isten előtti, végső felelősséggel tartozunk azért, amivé a gyülekezetünk válik;

ez nem csak a lelkipásztorunkra vagy más vezetőinkre vonatkozik, hanem mindannyiunkra.

A lelkipásztoraink arról fognak számot adni Isten előtt, hogyan vezették a gyülekezetet (Zsid 13,17). De ha az Úr Jézus Krisztus tanítványai vagyunk, akkor el fogunk számolni azzal, hogy rendszeresen összegyűltünk-e, szeretetre és jó cselekedetekre buzdítottuk-e a gyülekezetet, valamint hogy küzdöttünk-e a reménység evangéliumának helyes tanításáért (Zsid 10,23-25).

Ha kereszténynek tartjuk magunkat, de azt hisszük, hogy az egészséges gyülekezetről szóló könyv a gyülekezetvezetőknek vagy talán azoknak a „teológusfajtáknak" való, és mi szívesebben olvasgatnánk inkább a keresztény életről, akkor talán itt az ideje, hogy magunkba szálljunk, és újragondoljuk, mit is mond a Biblia a keresztény emberről. Ezzel az 1. fejezetben fogunk bővebben foglalkozni.

Ezt követően megvizsgáljuk, mi a gyülekezet (2. fejezet), mi Isten végső célja a gyülekezetekkel (3. fejezet), továbbá hogy miért kell a Biblia szerint vezetni a gyülekezeteinket (4. fejezet).

Ha már most egyetértünk abban, hogy Isten dicsőségének bemutatása érdekében a gyülekezeteinket a Biblia szerint kell vezetni, akkor talán át is ugorhatunk az 5. fejezethez, ahol az egészséges gyülekezet kilenc jellemzőjének a felsorolását kezdjük el. Adja Isten, hogy közös elmélkedéseink hasznosak legyenek, és segítsék a menyasszony felkészülését az Úr visszajövetelének napjára (Ef 5,25-32)!

1. RÉSZ

MILYEN AZ EGÉSZSÉGES GYÜLEKEZET?

ELSŐ FEJEZET

KERESZTÉNY MIVOLTUNK ÉS A GYÜLEKEZETÜNK

Időnként egy-egy egyetemi szolgálat felkér, hogy tartsak előadást a diákoknak. Gyakran a következő gondolattal kezdem a mondandómat: „Ha kereszténynek vallod magadat, de nem vagy tagja a gyülekezetnek, ahová jársz, attól tartok, a pokolba kerülhetsz."

Nos, igen, erre általában felkapják a fejüket.

Vajon csupán hatásvadász lennék? Korántsem. Netán rájuk akarnék ijeszteni? Nem igazán. Talán azt akarom mondani, hogy attól lesz valaki keresztény, hogy gyülekezeti taggá válik? Dehogy! Amelyik könyv (vagy előadó) ilyesmit állít, azt gyorsan felejtsük el!

Akkor mégis miért indítok egy ilyen, figyelemfelkeltő mondattal? Nos, azért, mert szeretném, ha megéreznének valamit abból, miért elengedhetetlen része a keresztények életének az, hogy egy egészséges gyülekezethez tartozzanak. Szeretném, ha ugyanúgy lelkesednének az egyházért, mint Krisztus és követői.

A nyugati világban (s talán máshol is) sok keresztény magánügyként tekint az Istennel való kapcsolatára. Azzal nagyjából tisztában is vannak, milyen hatással illik lennie ennek a „személyes kapcsolatnak" az életmódjukra. Azt viszont nyugtalanítónak találom, hogy sokan nem ismerik fel: a legfontosabb – vagyis az Istennel való – kapcsolatuk miatt szükségük van másodlagos kapcsolatokra is, amelyeket Krisztus teremt az egyházban, ami az ő teste. Persze Isten nem úgy képzelte el, hogy majd mi kiválogatjuk magunknak a szimpatikus keresztény barátokat; azt szeretné, ha hús-vér, hétköznapi, olykor kellemetlen emberekből álló közösséghez tartoznánk.

S miért gondolom, hogy ha valaki nem aktív tagja egy gyülekezetnek, akkor elképzelhető, hogy a pokolba kerül? Nos, gondoljuk csak végig, mit jelent kereszténynek lenni!

Kit nevezünk kereszténynek?

Keresztény mindenekelőtt az az ember, akinek megbocsáttattak a bűnei, és Jézus Krisztusban kiengesztelődött Istennel, az Atyával. Ez akkor történik meg, amikor valaki megbánja a bűneit, hitét pedig Isten Fia, Jézus Krisztus tökéletes életébe, helyettesítő halálába és feltámadásába veti.

Más szóval: keresztény az az ember, aki felismerte önmaga és saját erkölcsi forrásai véges voltát. Ráébredt, hogy Isten világosan kinyilatkoztatott törvényének hátat fordítva nem Istent szereti és tiszteli, hanem például a karrierjét, a családját, a pénzért megvásárolható javakat, a körülötte élők véleményét, családja és környezete megbecsülését, más vallások isteneit, e világ szellemiségét vagy akár saját jó cselekedeteit. Emellett azt is felismerte, hogy mindezek a „bálványok" kétszeres átkot hordoznak magukban: étvágyuk a földi életben kielégíthetetlen, és magukra vonják Isten haragját, vagyis a halált és az ítéletet az eljövendő életben. Ez nem teljesen idegen számunkra, hiszen a világ nyomorúságát olykor bizony van alkalmunk megízlelni – igaz, Isten irgalmából csak kis mértékben.

A keresztény ember tehát tudja: ha ma este meghalna, és meg kellene állnia Isten előtt, aki megkérdezné: „Miért engedjelek be a jelenlétembe?", azt felelné: „Nem lenne szabad beengedned, mert vétkeztem, és olyan sokkal tartozom neked, hogy azt lehetetlen visszafizetni." Ám nem állna meg itt: „Azonban ígéreteidnek és irgalmadnak köszönhetően Jézus Krisztus értem és helyettem kiontott vérére hagyatkozom, aki kifizette erkölcsi tartozásomat, teljesítette a te szent és igazságos követelményeidet, és levette rólam a bűn miatti haragodat."

Arra hivatkozva tehát, hogy Krisztusban igaznak nyilvánította őt Isten, a keresztény ember megízlelheti, mit jelent kiszabadulni a bűn fogságából. Míg a bálványok és egyéb istenek étvágya kielégíthetetlen, Isten kielégítőnek találta Krisztus értünk elvégzett munkáját. Vagyis az, akit Krisztusnak köszönhetően „kivásárolt" az ítéletből, valóban szabaddá vált! Életében először hátat fordíthat a bűnnek, amit ezentúl nem kell többé szolgai módon más bűnnel helyettesítenie: helyét átveheti a Szentlélek által belé helyezett vágyakozás Jézus Krisztus személye és élete fölötti uralma iránt. Míg Ádám megpróbálta letaszítani a trónjáról Istent, hogy ő maga váljék istenné, a keresztény embert örömmel tölti el, hogy Krisztus ül a trónon. Figyelembe veszi, hogy Jézus egész életében tökéletesen alávetette magát az Atya akaratának és szavának, és szeretne olyanná válni, mint a Megváltója.

A keresztény ember tehát először is megbékélt Istennel Krisztusban. Krisztus lecsendesítette Isten haragját, ezért a keresztény embert Isten igaznak nyilvánítja, és arra hívja, hogy igaz emberként éljen, abban a reményben, hogy egy napon megállhat majd színe előtt a mennyben.

Ám ez még nem minden! A keresztény ember nemcsak Istennel, hanem Isten népével is békét kötött. Emlékszünk, mi történt azután, hogy Ádám és Éva bűnbe esett és kiűzetett az édenkertből? Az egyik ember a másik gyilkosává lett: Káin megölte Ábelt. Ha azért akartuk letaszítani Istent a trónjáról, hogy a helyére próbáljunk kerülni, akkor ugyan nem fogjuk hagyni, hogy egy másik ember ezt elvegye tőlünk. Nem bizony, ezt jobb, ha el is felejtjük. Azzal, hogy Ádám megszakította az Istennel való kapcsolatát, az emberi kapcsolatai is megszakadtak. Vagyis az új felállás szerint minden ember csak saját magával törődik.

Így máris megértjük, miért mondja Jézus: „E két parancsolattól függ az egész törvény és a próféták: Szeresd az Urat, a te Istenedet teljes szívedből, teljes lelkedből és teljes elmédből, és szeresd felebarátodat, mint magadat" (lásd: Máté 22,34–40). Ezek a parancsolatok összefüggenek: az első lehetővé teszi a másodikat, a második pedig igazolja az elsőt.

Ha tehát Krisztus által békét kötöttünk Istennel, akkor lényegében azokkal is megbékéltünk, akik szintén békét kötöttek Istennel. Pál az Efezus 2 első felében azt ecseteli, milyen csodálatosan váltott meg bennünket Isten Jézus Krisztusban, majd a fejezet második felében már a megváltás következményeit vizsgálja: hogyan hat mindez a zsidók és a pogányok kapcsolatára, illetve tágabb értelemben a Krisztushoz tartozók egymás közötti kapcsolatára. Így fogalmaz:

Mert ő a mi békességünk, aki a két nemzetséget eggyé tette, és az ő testében lebontotta az elválasztó falat, az ellenségeskedést, (...) hogy békességet szerezve a kettőt egy új emberré teremtse önmagában. Megbékéltette mindkettőt egy testben Istennel a kereszt által, miután megölte az ellenségeskedést önmagában (Ef 2,14–16).

Mi, akik Istenhez tartozunk, immár „polgártársakká", „Isten háza népévé" (19. v.) lettünk, és Krisztussal egyetlen „szent templommá illeszkedünk egybe" (21. v.) – milyen szemléletes képek!

Isten háza népén elmélkedve jobban megérthetjük, hogyan következik az Istennel való megbékélésből az, hogy az ő népével is békét kötünk. Nem az árva gyermek fogadja örökbe a szüleit, hanem fordítva. Ha Kovácsék az örökbe fogadó szülők, akkor mostantól a szülőkkel és a többi gyerekkel együtt az örökbe fogadott gyermek is részt vesz Kovácsék vacsoráin. Egy szobában alszik a Kovács testvérekkel, amikor pedig névsorolvasást tartanak az iskolában, és a tanár Kovácsot szólítja, akkor bizony felteszi a kezét – csakúgy, mint régebben a bátyja, majd később a húga is. Ám ez nem pusztán felvett szerep a számára: azért viselkedik így, mert valaki elment az árvaházba, és így szólt hozzá: „Mától Kovács vagy." Azon a napon valaki gyermekévé és mások testvérévé lett.

Velünk is ez történt, persze annyi különbséggel, hogy mi nem Kovácsék, hanem a Krisztus-követők családjába kerültünk – ezt a nevet pedig arról a Krisztusról kaptuk, akinek az örökbefogadásunkat köszönhetjük (Ef 1,5). Immár Isten teljes családjához tartozunk: „Mert a megszentelő és a megszenteltek ugyanattól származnak, ezért nem szégyelli őket testvéreinek nevezni" (Zsid 2,11).

Ám ne diszfunkcionális családot képzeljünk el, melynek tagjai elidegenedtek egymástól: itt valódi közösségről van szó. Amikor Isten „elhívott titeket az ő Fiával, Jézus Krisztussal, a mi Urunkkal való közösségre" (1Kor 1,9), akkor az egész családjával való „közösségre" hívott bennünket (1Kor 5,2). Ez nem valami udvariaskodó, formális közösséget jelent, hanem olyan testet, amelyet valamennyien szabad akaratunkból választottunk, és amelyet valami ennél is nagyobb tart össze: Krisztus személye és munkája. Ha azt mondanánk, hogy nem tartozunk ehhez a családhoz, az éppolyan butaság lenne, mintha meg akarnánk válni a saját kezünktől vagy orrunktól. Pál ezt így magyarázta el a korinthusi gyülekezetnek: „Nem mondhatja a szem a kéznek: »Nincs rád szükségem«, vagy a fej a lábaknak: »Nincs rátok szükségem!«" (1Kor 12,21).

Összefoglalva: keresztény mivoltunk Biblia szerinti lényegét képtelenség anélkül kifejteni, hogy ne az egyháznál kössünk ki. Az egyház leírására pedig aligha ragadhatunk ki egyetlen metaforát, hiszen az Újszövetség többféle képet is említ: megjelenik mint család, közösség, test, menyaszszony, nép, templom, vagy éppen anya és gyermekei. Keresztény mivoltunk újszövetségi értelmezése ugyanakkor nem hagy teret a gyülekezeti közösségen kívül folytatott életvitelnek. Gyülekezet alatt valójában nem is igazán helyet, hanem inkább egyfajta népet értünk: Isten Krisztus által örökbe fogadott népét.

Amikor valaki megtér, nem azért csatlakozik egy helyi gyülekezethez, mert ez hasznára válhat a lelki fejlődésében, hanem azért, mert ezzel fejezi ki, mit tett vele Krisztus: testének tagjává fogadta. A Krisztussal való egységgel együtt jár a többi kereszténnyel való egység is, ám ez az univerzális összetartozás a helyi gyülekezet élő kapcsolatai révén mutatkozik meg.

A teológusok olykor különbséget tesznek az egyetemes egyház (a történelem során valaha élt összes keresztény) és a helyi gyülekezet (azok a keresztények, akik a közelben gyűlnek össze igehirdetésre, úrvacsorára és bemerítésre) között. Eltekintve az egyetemes egyházra tett néhány utalástól (például a Mt 16,18 és az Efezusi levél túlnyomó része), az Újszövetség a helyi gyülekezettel azonosítja az egyházat, Pál tehát „az Isten gyülekezetének, amely Korinthusban van" vagy „Galácia gyülekezeteinek" címzi leveleit.

Most valamivel mélyebb, de annál fontosabb részhez érkeztünk. Az egyetemes egyházi tagságunk és a helyi gyülekezeti tagságunk közötti kapcsolat ugyanis párhuzamba állítható a hit által, Istentől kapott megigazulásunk és a mindennapi életünkben megélt igazságunk viszonyával. Amikor hit által kereszténnyé válunk, Isten igaznak nyilvánít bennünket, mégis arra hív, hogy éljünk igaz módon. Ha tehát valaki továbbra is boldogan folytatja addigi bűnös életét, akkor felmerül a kérdés, hogy megigazult-e egyáltalán Krisztusban (lásd: Róm 6,1–18; 8,5–14; Jak 2,14–15). Akik pedig nem akarják elkötelezni magukat egy helyi gyülekezet mellett, azok ugyanezzel a kérdéssel találják szemben magukat. Ha elköteleződünk egy helyi gyülekezet mellett, azzal lényegében azt fejezzük ki, amit Krisztus elvégzett az életünkben, ami éppen ezért a megtérésünk természetes következménye. Ha valaki nem hajlandó elköteleződni egy evangéliumi hitű, Biblia szerint tanító keresztény közösség mellett, akkor bizony kétségbe vonható, hogy Krisztus testéhez tartozik-e egyáltalán.

Szívleljük meg a Zsidókhoz írt levél szerzőjének szavait:

> A reménység hitvallásához szilárdan ragaszkodjunk, mert hű az, aki ígéretet tett. Ügyeljünk arra, hogy egymást szeretetre és jó cselekedetre buzdítsuk. Gyülekezetünket ne hagyjuk el, ahogyan egyesek szokták, hanem bátorítsuk egymást annál is inkább, mivel látjátok, hogy közeledik az a nap. Mert ha szándékosan vétkezünk, miután megismertük az igazságot, akkor nincs többé bűneinkért való áldozat, hanem az ítéletnek valami félelmetes várása, amikor tűz lángja fogja megemészteni az ellenszegülőket (Zsid 10,23–27).

Ha az Istennel való kapcsolatunk hiteles, akkor a mindennapi döntéseink szintjén is meg fog mutatkozni – még akkor is, ha lassan és botladozva haladunk –, hiszen Isten valóban formálja a népét. Micsoda örömhír! Ezért ha nem törekszünk igaz életre, akkor ne kényelmesedjünk bele holmi tétova gondolatba, amely szerint már úgyis megigazultunk Krisztusban! Az a téveszme se vezessen félre minket, hogy az egyetemes egyházhoz tartozunk, ha a kisujjunkat se mozdítjuk azért, hogy csatlakozzunk egy helyi gyülekezeti közösséghez!

A keresztény emberek – egy-egy ritka kivételtől eltekintve – más hívőkkel együtt élik meg a hitüket, ami a helyi gyülekezet közösségében valósul meg. Tisztában vannak vele, hogy „még nem tartanak ott", továbbra is bűnös emberek, és szükségük van a helyi egyház, az úgynevezett gyülekezet elszámoltatására és iránymutatására – és ez fordítva is igaz.

Amikor azért gyűlünk össze, hogy kifejezzük az Isten iránti imádatunkat, szeressük egymást és a másik javát keressük, akkor lényegében azt hirdeti az életünk, hogy Istennel is, és egymással is békét kötöttünk. Ez azt mutatja a világnak, hogy megváltoztunk: nem azért, mert bibliaverseket tanulunk meg, evés előtt imádkozunk, tizedet adunk a bevételünkből, és keresztény rádióadásokat hallgatunk, hanem azért, mert egyre inkább készek vagyunk arra, hogy egy hozzánk hasonló bűnösökből álló közösségben őszintén megéljük az elfogadást, a megbocsátást – sőt még a szeretetet is.

Egy magányos szigeten ücsörögve egyikünk sem képes szeretetet, örömet, békét, türelmet vagy kedvességet tanúsítani mások iránt. Ezt csak olyankor tudjuk megélni, amikor jó okunk van arra, hogy ne szeressük azokat, akik szeretete mellett elköteleződtünk – mégis kitartunk.

Észrevesszük az összefüggést? Az evangélium az egymás szeretete mellett elkötelezett, bűnös emberek közösségében mutatkozik meg leginkább. Az evangélium akkor mutatkozik meg a gyülekezetben, amikor megbocsátunk egymásnak, ahogyan Krisztus is megbocsátott nekünk; amikor kitartunk egymás mellett, ahogyan Krisztus is kitartott mellettünk – és amikor életünket adjuk egymásért, ahogyan Krisztus is életét adta értünk.

Együtt úgy képviselhetjük Jézus Krisztus evangéliumát, ahogyan egyedül képtelenek lennénk.

Gyakran tapasztalom, hogy a keresztényeket foglalkoztatják a különböző lelki ajándékaik, de kíváncsi vagyok, vajon hányszor fordul meg a fejükben, hogy Isten pontosan azért adott annyiféle ajándékot, hogy éljenek velük, amikor a többi gyülekezeti tag vétkezik. Az egyik keresztény bűne lehetőséget ad a másiknak, hogy használja az ajándékait.

Ezért olyan közösséget építsünk, ahol férfiak és nők, fiatalok és idősek, feketék és fehérek, ázsiaiak és afrikaiak, gazdagok és szegények, tanulatlanok és tanultak gyűlnek össze – mindenki a maga képességeivel, ajándékaival és felajánlásaival! A legfontosabb, hogy mindannyian tisztában legyenek azzal: betegek, bűnösek, és egyedül kegyelem által menekültek meg. Vajon mit eredményez egy ilyen közösség? Nos, pontosan azt, ami egy gyülekezethez szükséges!

Ha azt tűztük ki célul, hogy minden keresztényt szeressünk, akkor hadd javasoljam, hogy első lépésként csak néhány hétköznapi keresztény mellett kötelezzük el magunkat – valamennyi gyengeségükkel és ostobaságukkal együtt! Tartsunk ki mellettük jóban-rosszban nyolcvan éven át, aztán találkozzunk újra, és beszéljük meg, hogyan állunk az összes létező keresztény szeretetével!

De kinek a felelőssége meghatározni, hogy milyenek legyenek ezek a gyülekezetnek nevezett összejövetelek? Vajon a lelkipásztoroké és a gyülekezetvezetőké? Bizonyára. Esetleg a többi kereszténvé? Hogyne. Kereszténynek lenni azt jelenti, hogy törődünk Krisztus testével – vagyis a gyülekezettel –, és tudni akarjuk, mi a gyülekezet, illetve milyennek kell lennie, hiszen mi magunk is a részei vagyunk.

Így igaz: azért törődünk a gyülekezettel, mert nem más, mint a Megváltónk teste. Figyeljük meg, hogyan szólítja meg Jézus a keresztényüldöző Sault – akit nem sokkal később már Pálként ismerünk –, amikor kérdőre vonja a damaszkuszi úton: „Saul, Saul, miért üldözöl engem?" (ApCsel 9,4). Jézus annyira azonosul az egyházával, hogy önmagaként utal rá! Mi keresztényként vajon azonosítjuk-e magunkat azokkal, akikkel a Megváltónk azonosul? Képesek vagyunk a szív szintjén igazodni az érzéseihez?

Nemrég levelet kaptam, amelyben egy lelkipásztor kifejezte, mennyire szeretné, ha gyülekezetének tagjai tudnák, milyennek kell lennie egy gyülekezetnek. Ez az alázatos ember olyan gyülekezetre vágyik, amely egyrészt elszámoltatja őt, másrészt a kegyelem és istenfélelem irányába vezeti a tagjait. Ő valóban megértette az újszövetségi tanítást: tudja, hogy Isten egy nap el fogja számoltatni azért, ahogyan a gyülekezetét pásztorolta. Hűséges vezetőként azt akarja, hogy a nyáj minden egyes báránya tisztában legyen azzal: Isten egyszer majd őket is egytől egyig el fogja számoltatni azért, ahogyan egymást és őt szerették.

Isten a test minden egyes tagjától meg fogja kérdezni: „Örültél a test többi tagjával, amikor örültek? Sírtál azokkal, akik sírtak? A gyengébb tagokat is nélkülözhetetlennek tekintetted, és azoknak a tagoknak, amelyeket legtöbben alacsonyabb rendűnek tartanak, nagyobb tisztességet adtál? Kétszeres megbecsülésben részesítetted azokat, akik vezettek és tanítottak téged?" (lásd: 1Kor 12,22–26 és 1Tim 5,17).

Vajon keresztényként készen állunk arra, hogy Isten számon kérje rajtunk, hogyan szerettük és szolgáltuk gyülekezeti családunkat – a gyülekezetvezetőinket is beleértve? Tudjuk egyáltalán, hogy Isten szerint milyennek kell lennie a gyülekezetnek?

Illetve mi, lelkipásztorok felkészítjük a nyájunkat a számadásra? Megtanítottuk már nekik, milyennek kell lennie a gyülekezetnek? Elmondtuk nekik, hogy azt is számon fogják kérni rajtuk, mi magunk ragaszkodunk-e az evangéliumhoz?

MÁSODIK FEJEZET

MI A GYÜLEKEZET… ÉS MI NEM?

A bevezetésben olyan kérdések merültek fel, mint hogy mit keresünk egy gyülekezetben, és hogy milyennek kell lennie a gyülekezetnek a Biblia szerint, választ azonban még nem adtunk rájuk. Mivel a keresztények annyiféle dolgot keresnek egy gyülekezetben, ezek bizony nehezen konkretizálható dolgok.

Emlékszem, az egyetemi éveim alatt volt egy barátom, aki egy felekezethez nem kötődő keresztény szolgálatban vett részt. Pár évig ugyanabba a gyülekezetbe jártunk, ám én csatlakoztam is hozzájuk, a barátom azonban nem. Valójában csak a vasárnap reggeli istentiszteleteken vett részt, és akkor is csak az alkalom felénél surrant be – pontosan az igehirdetésre.

Egy nap úgy döntöttem, most már rákérdezek ennek az okára. „Nekem az alkalom többi része nem igazán ad semmit" – felelte.

„Arra gondoltál már, hogy csatlakozol a gyülekezethez?" – kérdeztem.

A felvetésem hallatán elég meglepettnek tűnt, majd így szólt: "Hogy csatlakozzam a gyülekezethez? Őszintén szólva nem látok rá okot. Én pontosan tudom, mit keresek itt, a többiek meg úgyis csak hátráltatnának benne."

A szavaiban nem lenézést éreztem, hanem egy tehetséges evangélista őszinte buzgalmát, aki egyetlen órát sem akar elvesztegetni az Úr idejéből. Valamelyest végiggondolta, mit keres egy gyülekezetben, de mindent egybevetve a közösség nem szerepelt az elképzelésében – vagy legalábbis nem ez a közösség. Inkább olyan helyet keresett, ahol az igehirdetés lelkileg egész hétre feltöltheti.

Szinte most is hallom, ahogy azt mondja: "a többiek meg úgyis csak hátráltatnának". Sok mindent akartam neki mondani, de mindössze annyit böktem ki: "Gondoltál már arra, hogy ha összefognál ezekkel az emberekkel, akkor talán tényleg lassítanának a tempódon, te viszont segíthetnél nekik gyorsabban haladni? Eszedbe jutott már, hogy esetleg ezt tervezi az Isten?"

Én is olyan gyülekezetre vágytam, ahol minden vasárnap jó a tanítás, de hát a "Krisztus teste" kifejezés ennél jóval többet jelent, nem?

Az első fejezetben már említettük, hogy a gyülekezet nem hely, tehát ne épületként, prédikációs helyszínként vagy lelkisegély-szolgálatként gondoljunk rá! A gyülekezet egy nép, maga az új szövetség: Isten véren megváltott népe. Pál azt mondja: "Krisztus is szerette az egyházat, és önmagát adta érte" (Ef 5,25). Jézus azonban nem egy helyért, hanem egy népért áldozta fel magát.

Pontosan emiatt határoztuk el, hogy mi nem úgy kezdjük a vasárnap reggeli istentiszteleteinket, hogy "Isten hozott a Capitol Hill baptista gyülekezetben", hanem úgy, hogy "Isten hozott a Capitol Hill baptista gyülekezet öszszejövetelén". Ez tényleg apróság, de már a köszöntésben is szeretnénk hangsúlyozni az igazságot: ez az összejövő nép mi magunk vagyunk.

Ha nem tévesztjük szem elől, hogy a gyülekezet valójában egy nép, az kapaszkodót jelent a fontos és nem fontos szempontok elkülönítésekor. Tisztában vagyok vele, hogy nekem is segítségre van szükségem, mert például hajlamos vagyok arra, hogy a zenei stílusa alapján értékeljek egy gyülekezetet. Végtére is ez az egyik első benyomásunk a közösségről, és a zenére jellemzően érzelmi szinten reagálunk, tehát valamilyen érzést vált ki belőlünk. De mit mond el a Krisztus iránti, illetve a Krisztus népe iránti szeretetemről, ha a zenei stílusa miatt hagyok ott egy gyülekezetet? És ha a gyülekezet lelkipásztoraként figyelmen kívül hagyom a többség véleményét, mert szerintem modernizálni kellene a zenei stílusukat? Nos, finoman fogalmazva megfeledkeztem arról, hogy a gyülekezet lényegében nem hely, hanem egy nép.

Ám a Biblia szerint a keresztényeknek nagyon is törődniük kell a gyülekezetben zajló dolgokkal – vagyis azzal, amit a közösség tesz. A könyv második felében ezzel a kérdéssel fogunk foglalkozni.

De hogyan törődhetünk az emberekkel és a tetteikkel egyszerre? Ha a keresztény családvezetés lenne a témánk, akkor rögtön azzal kezdenénk, mit érdemes csinálni: vacsorázzunk együtt, olvassuk közösen a Bibliát, nevessünk együtt, imádkozzunk egymásért stb. Persze azért remélhetőleg arról sem feledkeznénk meg, hogy a szülők is követhetnek el hibákat, a gyerekek pedig mégiscsak gyerekek: a család tehát nem pusztán intézmény, hanem emberek alkotják.

Ez a gyülekezetekben is így működik: lehet, hogy valamelyik közösség a tettek szintjén nem felel meg az elvárásainknak, például a Biblia szerinti gyülekezetvezetés megvalósításában (ezzel a kérdéskörrel majd később foglalkozunk). De még ha így is lenne, ne feledjük, hogy olyan emberekről van szó, akik a megszentelődés útján járnak, nekünk pedig az a dolgunk, hogy szeressük és szolgáljuk őket, továbbá hogy türelmesek legyünk velük. Gondoljunk csak a családunkra! Amikor a szüleink, a testvéreink vagy a gyermekeink nem felelnek meg az elvárásainknak, máris kitesszük a szűrüket? Bízom benne, hogy valamennyien megbocsátóak és türelmesek vagyunk velük, sőt talán még azt is megfontoljuk, nem kell-e az elvárásainkon finomítanunk. Ebből kiindulva tegyük fel magunknak a kérdést: tudunk-e szeretetteljesek és állhatatosak lenni azokkal a gyülekezeti tagokkal, akik másképp gondolkodnak, akik nem felelnek meg az elvárásainknak, vagy akik még vétkeznek is ellenünk? (Nekünk talán nincs megbocsátásra szoruló bűnünk?)

Persze azért mindennek van határa: olyan gyülekezetek is akadnak, amelyekhez jobb nem csatlakozni, amelyeket jobb nem pásztorolni, és amelyekkel jobb nem is tartani a kapcsolatot. Erre a kérdésre még visszatérünk, amikor a gyülekezetek sarokköveit vizsgáljuk, de egyelőre maradjunk az eredeti alapelvnél: a gyülekezet egy nép. Bármit keressünk is, bármilyen elvárásaink legyenek is a gyülekezettel kapcsolatban, ezeket minden esetben bibliai alapelvekre kell építenünk.

Most pedig ideje, hogy megcáfoljunk egy – lelkipásztorok körében terjedő – helytelen gyülekezeti szemléletet: a gyülekezet nemcsak hogy nem hely, de még csak nem is statisztika. Egyetemistaként kezembe akadt a XIX. századi lelkipásztor, John Brown tanácsadó levele, melyet egy kis gyülekezeti közösséghez kirendelt diákjának írt. Brown így fogalmaz:

> Ismerem szíved hiúságát, és tudom, milyen megalázónak érzed, hogy ennyire kicsi a gyülekezeted a többi testvéredéhez képest; de higgy az idős ember szavának: amikor számot adsz róluk az Úr Krisztus ítélőszéke előtt, úgy fogod érezni, hogy eleget kaptál.[1]

Az Isten által rám bízott gyülekezeten gondolkodva egyszerre rám nehezedett az Isten előtti számadás súlya. Vajon nagy és népszerű, esetleg sokat emlegetett vagy jó benyomást keltő gyülekezetre vágytam?

Volt-e valaha olyan érzésem, hogy csak „megtűröm" vagy „elviselem" ezeket az embereket, amíg el nem jön az én időm, amikor végre a saját elképzeléseim szerint formálhatom a gyülekezetet? Nem mintha rossz dolog volna terveket dédelgetni a gyülekezet jövőjére nézve, de vajon a vágyaim közömbössé, sőt ingerültté tettek-e a közösség tagjaival szemben?

Vajon eszembe fog-e jutni, végső soron mi forgott kockán a velem szemben ülő, többnyire idősebb keresztények számára, akik vasárnapról vasárnapra összegyűltek a közel nyolcszáz férőhelyes teremben? Akkor is szeretni és szolgálni fogom ezt a pár embert, ha nem túl bibliai szellemű bizottságaikkal, régimódi hagyományaikkal és tőlem távol álló zenei kedvenceikkel keresztbe tettek a (véleményem

---

1. James Hay és Henry Belfrage *Memoir of the Rev. Alexander Waugh* (Edinburgh: William Oliphant and Son, 1839), 64–65.

szerint jogos) jövőbeli reményeimnek? Persze azért nem csak a lelkipásztorok esnek abba a hibába, hogy pusztán „tolerálnak" másokat, miközben arra várnak, hogy végre eljöjjön az általuk megálmodott gyülekezetre alkalmas idő. A gyülekezet tehát nem hely, és nem is statisztika, hanem egy nép. Lényegében test, amelynek tagjai mind a fejhez kapcsolódnak; család, amelyet a krisztusi örökbefogadás köt össze.

Imádkozom, hogy mi, lelkipásztorok egyre inkább felismerjük, mekkora felelősséggel tartozunk a nyájunkért, amely felett Isten juhászbojtárokká tett bennünket.

De azért is imádkozom, hogy keresztényként – akár érettek, akár gyermekek legyünk a hitben – egyre jobban tudatosítsuk magunkban, hogy felelősségünk szeretni, szolgálni, bátorítani, és elszámoltatni gyülekezeti családunk többi tagját. Ami pedig a vér szerinti testvéreket illeti, bizonyára mindannyiunk számára érthető, mi volt a gond Káin lelkületével, amikor rosszallóan azt mondta az Úrnak: „Hát őrzője vagyok én a testvéremnek?" De ennél is fontosabb, hogy valamennyien átérezzük: gyülekezeti családunkért még nagyobb felelősséggel tartozunk.

Sok ember ült körülötte [Jézus körül], és azok szóltak neki: Íme, anyád és a testvéreid odakint keresnek téged! De ő így válaszolt nekik: Ki az én anyám, és kik az én testvéreim? És végignézve a körülötte ülőkön, így szólt: Íme az én anyám és az én testvéreim. Mert aki Isten akaratát cselekszi, az az én testvérem és az én anyám (Mk 3,32–35).

HARMADIK FEJEZET

AZ EGÉSZSÉGES MŰKÖDÉSRE VALÓ TÖREKVÉS MINDEN GYÜLEKEZETTŐL ELVÁRHATÓ

Keresztény szülőként mit kívánunk a gyermekeinknek? Keresztény gyermekként mit kívánunk a családunknak?

Valószínűleg egy halom jókívánsággal árasztanánk el a családunkat – a szeretet, öröm, szentség, egység és istenfélelem kívánságaival –, és anyagi dolgok is eszünkbe jutnának. Ám mindezeket egyetlen (nem túl izgalmas) szóval is kifejezhetjük: egészséges családot szeretnénk, amely mind életvitelével, mind munkájával és szeretetével Isten tervét tükrözi.

Ez pedig a gyülekezeteinkre is igaz: úgy gondolom, a keresztényeknek – akár lelkipásztorok, akár nem – törekedniük kell arra, hogy gyülekezeteik egészségesen működjenek.

Lehet, hogy az „egészségesnél" jobb szóval is jellemezhetnénk a jól működő gyülekezeteket; végül is az urak Ura, a királyok Királya, az örökkévaló Fiú vérén megváltott népről beszélünk – tényleg az „egészség" a legjobb fogalom, amely eszünkbe jut? Nekem azért tetszik az egészséges szó, mert kifejezi, hogy a test pontosan úgy él és növekszik, ahogyan kell. Persze azért akadhatnak vele problémák, hiszen még nem tökéletes, de folyamatban van. Azt teszi, amit tennie kell, hiszen Isten igéje vezeti.

Amikor a gyülekezetünkben a bűnnel szembeni küzdelemről van szó, szeretem kiemelni, hogy a keresztény és a nem keresztény közötti különbség nem abban áll, hogy a nem keresztény vétkezik, a keresztény pedig nem, hanem abban, hogy harc közben melyik oldalt választjuk. A keresztények Isten oldalán állnak a bűnnel szemben, míg a nem keresztények a bűn oldalán Istennel szemben; tehát a keresztények is vétkeznek, de utána Istenhez és az igéhez fordulnak útmutatásért: „Segíts a bűn elleni küzdelemben!" A nem keresztények – még ha fel is ismerik a vétküket – úgy érzik, jobban vágynak a bűnre, mint Istenre.

Az egészségesen működő gyülekezet sem tökéletes vagy bűntelen, nincs mindenre megoldása, de folyamatosan arra törekszik, hogy Istent válassza, miközben a világ bűnös vágyai és hazugságai, a test és az ördög ellen harcol. Az egészséges gyülekezet tehát állandóan azon van, hogy Isten igéjéhez igazodjon.

Mielőtt több igerészt is megvizsgálnánk ezzel kapcsolatban, szeretném pontosabban meghatározni az egészségesen működő gyülekezet fogalmát: Olyan közösség, amely egyre jobban és jobban tükrözi Isten igében kinyilatkoztatott képmását.

Ha tehát egy lelkipásztor azt kérdezné tőlem, hogy milyen gyülekezetet építsen, akkor talán azt válaszolnám: „Olyat, amely egyre jobban és jobban tükrözi Isten igében kinyilatkoztatott képmását – azaz egészségeset."

Ha pedig a keresztények szeretnék megtudni, hogy véleményem szerint milyen gyülekezethez csatlakozzanak, hol szolgáljanak, és milyen közösséget építsenek, akkor talán arra biztatnám őket, hogy olyan gyülekezetet válasszanak, amely egyre jobban és jobban tükrözi Istennek az igéjében kinyilatkoztatott képmását – vagyis egészségeset.

A szemfülesek bizonyára felfigyeltek rá: kétszer is úgy fogalmaztam, hogy „talán". Ennek két oka is van: egyrészt nem szeretném azt a látszatot kelteni, mintha kizárólag ez a kritérium írná le, milyennek kell lennie a gyülekezetnek, hiszen különféle szempontok és célok figyelembevételével más-más meghatározások születhetnek. Ha valaki gyülekezeten belüli törvényeskedésekre és kicsapongásokra próbálna reagálni, akkor talán így fogalmazna: „Az a legfontosabb, hogy a gyülekezet a megváltásra épüljön." Nos, erre én is áldásomat adnám. Ám ha az illető arra szeretne reflektálni, hogy a Biblia háttérbe szorul a gyülekezetben, akkor azt szorgalmazná, hogy a gyülekezet magára a Bibliára épüljön. Ezzel is egyetértenék.

Másrészt azt sem zárnám ki, hogy némelyek ügyesebben fogalmaznának, én mégis így tudom a tőlem telhető legjobban kifejezni, hogy a Biblia alapján mit tartok a gyülekezet legfontosabb céljának: véleményem szerint a gyülekezetnek arra kell törekednie, hogy egyre jobban és jobban tükrözze Istennek az igéjében kinyilatkoztatott képmását.

Melyik keresztény kifogásolná ezt?

Ha Istennek az igéjében kinyilatkoztatott képmását akarjuk tükrözni, akkor természetesen az igéből kell kiindulnunk. De hát miért? Nem lehetne pragmatikus elvek alapján alakítani a gyülekezeteinket? Az efezusi gyülekezet lelkipásztorának, Timóteusnak írt második levelében Pál úgy fogalmaz, hogy a Biblia „minden jó cselekedetre felkészít" – magyarul nincs olyan jótett, amelyre az ige ne tenne alkalmassá, legyen szó akár Timóteusról, akár rólunk. Ha a gyülekezeteink olyasmire vágynának, ami nem szerepel Isten igéjében, akkor bizony Pál tévedett, hiszen ez esetben nem volna igaz, hogy a Biblia „minden jó cselekedetre" felkészít bennünket.

Ezzel vajon azt állítom, hogy ne is használjuk az Istentől kapott józan eszünket? Dehogy, mindössze azt javaslom, hogy a Biblia legyen a kiindulópontunk!

A továbbiakban hat bibliai eseményt fogunk megvizsgálni, hogy ezáltal még inkább megértsük, miért kellenek olyan gyülekezetek, amelyek egyre jobban és jobban tükrözik Isten igében kinyilatkoztatott képmását. Mindannyian tudjuk, hogy a Biblia egy nagy történetet mond el, de számos mellékszál is felbukkan benne, amely mind beleillik a nagy egészbe. A következő események vizsgálata során igyekszünk megérteni, mit tanít Isten az egyháznak a nagy történetben.

1. Teremtés

Az 1Mózesben Isten megteremtette a „különféle" növényeket és állatokat, de minden almát a többi alma mintájára, és minden zebrát a többi zebra mintájára hozott létre. Ami pedig bennünket illet, a Bibliában azt olvassuk: „Alkossunk embert a képmásunkra, hozzánk hasonlóvá" (1,26). Az embert tehát nem a többi ember mintájára hozta létre, hanem a sajátjára, ezért páratlanul tükrözzük őt, más szóval hasonlítunk rá.

Mivel egyedülálló módon, Isten képére jöttünk létre, egyedülálló módon kell tükröznünk a dicsőségét a teremtés számára. Ugyanúgy, ahogy a fiúgyermek is utánozza, majd követi édesapját szakmai pályáján (1Móz 5,1 és a további versek; Lk 3,38), az ember is arra lett teremtve, hogy képviselje Isten képmását és teremtés feletti uralmát: „...uralkodjék a tenger halain, az ég madarain, a jószágokon" (1Móz 1,26).

2. Bűnbeesés

Az ember azonban úgy döntött, hogy nem képviseli Isten uralmát: fellázadt ellene, és a saját uralmát választotta. Isten ezért megadta neki, amit kért, és kitiltotta a jelenlétéből. Az ember erkölcsi bűne tehát azzal járt, hogy a maga erejéből többé nem közeledhetett Istenhez.

Vajon az ember a bűnbeesést követően is hasonló maradt Istenhez? Igen, az 1Mózes kijelenti, hogy az ember továbbra is Isten „képmása" (5,1; 9,6). Ám mind a képmás, mind a tükrözés minősége torzult: lényegében elhajlott a tükör, így a groteszk, cirkuszi tükrökhöz hasonlóan hamis képet mutat. De még ebben a bűnös állapotban is mutatunk valamit Istenről – igaz és hamis dolgokat egyaránt. Teológiai szakkifejezéssel élve tehát az ember egyszerre lett „bűnös" és erkölcsileg „romlott".

3. Izrael

Isten irgalmasan eltervezte, hogy a teremtés valódi célját – azaz dicsőségének bemutatását – egy nép megmentése és felhasználása révén fogja betölteni. Megígérte Ábrahámnak, hogy megáldja őt és utódait, akik cserébe áldássá lesznek minden nép számára (1Móz 12,1–3). „Szent nemzetnek" és „királyi papságnak" nevezte (2Móz 19,5–7), ezáltal mintegy elkülönítve őket, hogy – csakúgy, mint Ábrahám – a tőle kapott törvénynek engedelmeskedve közvetítsék (vagyis tükrözzék) képmását és dicsőségét a többi nép számára. Mutassátok meg a világnak, milyen vagyok – mondta

Izraelnek. „Legyetek azért szentek, mert én szent vagyok" (3Móz 11,44; 19,2; 20,7)!

Még „fiának" is nevezte a népet, hiszen a fiúktól azt várják, hogy az apjuk nyomába lépjenek (2Móz 4,22–23). Azt is megígérte, hogy vele együtt lakik majd a neki adott földön: azon a helyen, ahol a népnek lehetősége lesz bemutatni a dicsőségét (1Kir 8,41–43).

Isten azonban figyelmeztette, hogy ha nem engedelmeskedik neki, és nem tükrözi az ő szent képmását, akkor nem maradhat a földjén. Egy szó mint száz: a fiú nem volt engedelmes, ezért Isten kiűzte őt jelenlétéből és a földjéről.

4. Krisztus

Az ókori Izrael egyik legfőbb tanulsága az volt, hogy az elbukott, magukra hagyott emberek képtelenek tükrözni Istent – még akkor is, ha Isten törvényének, földjének és jelenlétének valamennyi áldása rendelkezésükre áll. Izrael története mindannyiunkat alázatra indít, hiszen Istent egyedül Isten tudja képviselni, és csakis ő tud megváltani bennünket a bűntől és a haláltól.

Isten ezért elküldte egyszülött Fiát, hogy „emberekhez hasonlóvá legyen" (Fil 2,7). Az, akiben az Atyának kedve telik, teljes egészében alávetette magát Isten uralmának és királyságának; megtette, amit Ádám nem tudott, azaz ellenállt a Sátán kísértésének: „Nemcsak kenyérrel él az ember, hanem minden igével, amely Isten szájából származik" – felelte a kísértőnek, amikor a pusztában böjtölt (Mt 4,4).

Azt is elvégezte, amire Izrael képtelen volt – teljesen az Atya akarata és törvénye szerint élt: „Én önmagamtól nem tehetek semmit, hanem csak azt mondom, amit az Atya tanított nekem" (Jn 8,28; szintén lásd 6,38; 12,49).

Mivel ez a Fiú tökéletesen tükrözte Atyját, azt mondhatta Fülöpnek, a tanítványának: „Aki engem lát, látja az Atyát" (Jn 14,9).

Apja Fia.

Az újszövetségi levelek írói úgy utaltak rá, mint „a láthatatlan Isten képére" (Kol 1,15), valamint „Isten dicsőségének kisugárzására és lényének képmására" (Zsid 1,3). Jézus Krisztus mint utolsó Ádám és új Izrael váltotta meg Isten emberben lakozó képmását.

Krisztus egyrészt Isten dicsőséges szentségét tükrözte a törvénynek való engedelmességén keresztül; másrészt Isten dicsőséges irgalmát és szeretetét mutatta be nekünk a bűnösökért halt kereszthalála által, hiszen ezzel megfizette az általunk kiérdemelt, a bűnért járó büntetést (Jn 17,1–3). Az Ószövetség mindvégig ezt a helyettesítő áldozatot készítette elő.

Gondoljunk csak az állatokra, amelyeket azért vágtak le, hogy elfedjék Ádám és Éva mezítelenségét a bűnbeesésük után; vagy a kosra a bozótban, amelyet azért adott Isten Ábrahámnak, hogy megmentse Izsákot! Jusson eszünkbe József, akit fivérei feláldoztak és kitaszítottak, hogy egy nap majd közbenjárhasson a népéért; vagy azok az izraeliták, akik bárányvérrel kenték be házuk ajtajának szemöldökfáját, hogy Izrael elsőszülött fiai megmeneküljenek! Ne feledjük az izraelita családokat sem, akik a templom udvarába vitték bűnért való áldozataikat, rátették kezüket az állatok fejére, majd elvágták a torkukat, mondván: „az állat kiontott vére az enyém!" Előttünk áll a főpap példája is, aki csak évente egyszer lépett be a Szentek Szentjébe, hogy engesztelő áldozatot mutasson be az egész népért; valamint Ézsaiás próféta ígérete, amely szerint: „...a mi vétkeink miatt kapott sebeket, bűneink miatt törték össze. Ő bűnhődött, hogy nekünk békességünk legyen, az ő sebei árán gyógyultunk meg" (Ézs 53,5).

De még ennél is több minden mutat Jézus Krisztusra, aki Isten bárányaként vállalta a kereszthalált, és – ahogy a tanítványainak mondta a felső szobában – „új szövetséget szerzett a vére által" mindazoknak, akik megbánják a bűneiket és hisznek.

5. Egyház

Mi, akik bűneink miatt halottak voltunk, életre keltünk, amikor Krisztus halálába és feltámadásába kereszteltettünk. Pál ezért mondja: „Mert mindnyájan Isten fiai vagytok a Krisztus Jézusban való hit által. Akik Krisztusba keresztelkedtetek meg, Krisztust öltöttétek magatokra" (Gal 3,26–27). „Mivel pedig fiak vagytok, Isten elküldte Fiának Lelkét a mi szívünkbe, aki ezt kiáltja:»Abbá, Atyám!«" (Gal 4,6–7).

Hogy mi dolguk Isten fiainak? Az, hogy tükrözzék a mennyei Atya és a Fiú jellemét, hasonlóságát, képmását és dicsőségét!

Jézus azt mondja, hogy legyünk „béketeremtők", hiszen az Atya is megbékélt velünk Fia áldozata által (Mt 5,9).

Jézus arra tanít, hogy „szeressük ellenségeinket", hiszen a mennyei Atya is szeretett bennünket, akik egykor ellenségei voltunk (Mt 5,44–45; Róm 5,8).

Jézus azt kéri, hogy „szeressük egymást", hiszen ő az életét adta azért, hogy szeressen bennünket, és mert így mutathatjuk be a világnak, milyen ő (Jn 13,34–35).

Jézus azért imádkozik, hogy „egyek legyünk", ahogyan ő és az Atya egyek (Jn 17,20–23).

Jézus arra hív, hogy „legyünk tökéletesek", ahogyan a mennyei Atyánk tökéletes (Mt 5,48).

Jézus azt parancsolja, hogy legyünk „emberhalászok", és tegyünk tanítvánnyá minden népet (Mt 4,19; 28,19). Úgy küld bennünket, ahogyan őt küldte az Atya (Jn 20,21). Apja Fia, illetve Atyjuk fiai.

Mivel a nép Krisztus munkája által megtisztult bűneitől, a Lélek munkája által pedig új teremtés lett és új szívet kapott, elkezdett helyreállni Isten tökéletes képmása. Krisztus az első zsengénk (1Kor 15,23), aki eltávolította a leplet, és utat nyitott nekünk, hogy újra láthassuk az Atyát (2Kor 3,14.16): immár hit által szemléljük őt, és „ugyanarra a képre formálódunk át az Úr Lelke által dicsőségről dicsőségre" (2Kor 3,18).

Ha mindössze két igeversből szeretnénk megtudni, hogy Istennek mi célja van az egyházzal, akkor Pál szavait érdemes megszívlelnünk:

> ...és hogy ismertté legyen most az egyház által a mennyei fejedelemségek és hatalmasságok előtt Isten sokféle bölcsessége. Ez felel meg örök végzésének, amelyet megvalósított Krisztus Jézusban, a mi Urunkban (Ef 3,10–11).

Hogy miként mutatja be az egyház Isten sokféle bölcsességét? Csakis egy végtelenül bölcs Isten tudhat olyan megoldást találni, amellyel egyrészt összebékíti szeretetét és igazságosságát, másrészt megvált egy (tőle is és egymástól is) elidegenedett, bűnös népet. Illetve csakis egy végtelenül bölcs Isten lehet képes arra, hogy a kőszíveket őt szerető és dicsérő hússzívekké formálja. Az egész világmindenség összes kozmikus ereje csodájára járhat mindannak, amit véghez vitt!

6. Dicsőség

Istent akkor tudjuk legjobban képviselni, amikor tökéletesen dicsőségesnek látjuk: „Tudjuk, hogy amikor ez nyilvánvalóvá lesz, hasonlóvá leszünk hozzá, mert olyannak fogjuk őt látni, amilyen valójában" (1Jn 3,2). Mi is szentek, szeretetteljesek és egységesek leszünk, mint ő. Ám ez a vers nem azt ígéri, hogy istenek leszünk, hanem azt, hogy a lelkünk együtt fog ragyogni Isten képmásával és dicsőségével – mintha tökéletes tükröket fordítanánk a Nap felé.

Ezek alapján már bizonyára látjuk a nagy képet: Isten megteremtette a világot (benne az embert), hogy tükrözze dicsőségét, de Ádám és Éva, akiknek Isten képmását kellett volna képviselniük, nem így tettek. Izrael népe szintén nem volt rá képes, ezért Isten elküldte a Fiát, hogy bemutassa szent és szeretetteljes képmását, és elvegye a világ bűnei miatti haragját. Krisztusban tehát maga Isten képviselte Istent, és maga Isten jött el közénk, hogy megmentsen.

Immár az egyház küldetésévé vált, hogy – Krisztus élete és a Szentlélek ereje által – szóban és tettben bizonyságot tegyen Isten képmásáról, dicsőségéről, hatalmas bölcsességéről és megváltó munkájáról szerte a világban.

Nos, akkor mit is keresünk egy gyülekezetben? Jó zenét, mozgalmas légkört, vagy esetleg hagyományos szertartásrendet? Vagy talán:

egy sereg bocsánatot nyert lázadót...
akiken keresztül Isten be akarja mutatni dicsőségét
a mennyei seregek előtt...
mert az igazat mondják róla...
és egyre inkább hasonlítanak rá – hiszen ők is szentek,
   szeretetteljesek és egységesek?

NEGYEDIK FEJEZET

A MINDENT ELSÖPRŐ ÚTMUTATÓ: HOGYAN TÜKRÖZZÜK ISTEN KÉPMÁSÁT?

Az az igazság, hogy nekem nem igazán mennek a ház körüli, gyakorlati feladatok: nehézséget jelent összeszerelni a könyvespolcokat, bekötni a hangfalakat, vagy feltérképezni a telefonom gombjait. A használati útmutatók többsége nem ad megoldást a nehézségemre, ezért gyakran előfordul, hogy a családtagjaim vagy a barátaim jóindulatára és találékonyságára kell hagyatkoznom.

Hálás vagyok, hogy a gyakorlati életben tapasztalt ügyetlenségem a legfőbb, mindent elsöprő útmutató betartásának mégsem szab gátat: nem képes megakadályozni, hogy a Biblia szerint mutassam be Isten dicsőséges képmását. Az útmutató alapelve meglehetősen egyszerű: hallgassunk Isten igéjére, és cselekedjünk annak megfelelően! Mindössze két lépést kell megjegyeznünk: odafigyelés és az előírtak betartása.

Ha e szerint élünk, akkor úgy tudjuk képviselni, bemutatni Isten képmását és dicsőségét, mint a királyi követek.

Vagy éppen úgy, mint az a fiú, akinek az apja távoli országba utazott, és csak levelek formájában oszthatja meg vele, hogyan vigye tovább a család jó hírét, vezesse a vállalkozásukat. De tegyük fel, hogy a fiú sosem olvassa az apja leveleit! Ez esetben hogyan tanulná meg az apát képviselni és a vállalkozást vezetni? Nyilván sehogy. A helyi gyülekezetek ugyanígy képtelenek betölteni a rájuk bízott küldetést, ha elhanyagolják Isten igéjét.

Ádám engedetlen volt Isten igéjével szemben, ezért el kellett hagynia az édenkertet, az emberek pedig azóta két táborra szakadtak: azokra, akik engedelmeskednek Isten igéjének, és azokra, akik nem. Noé engedelmes volt, Bábel tornyának építői azonban nem. Ábrahám igen, ám a fáraó nem. Dávid igen, fiainak többsége viszont nem. Zákeus igen, míg Pilátus nem. Pál igen, az álapostolok nem.

Az egyháztörténet persze tovább folytatódik: Atanáz, Luther és Machen igen, ellenben Áriusz, Róma és Fosdick nem engedelmeskedett Istennek.

Természetesen nem szeretném azt sugallni, hogy isteni, tévedhetetlen módon látok át az utóbbiak táborán, ám a Biblia megbízhatóan tanítja, hogy Isten népét az különbözteti meg a csalóktól és a nem hívőktől, hogy a nép hallgatja és megtartja az igét, míg mások nem.

Amikor a nép az 5Mózesben másodszorra kerül közel az ígéret földjéhez, Mózes fájó szívvel fejtegeti nekik, hogy negyven évvel korábban a szüleikkel is eljutott ide, ők azonban nem hallgattak rá, ezért Isten azzal büntette őket, hogy a pusztában leljék halálukat. Ez a csaknem harminc fejezeten átívelő, három beszéd egész röviden összegezhető: „Figyeljük meg, halljuk meg, írjuk le és jegyezzük meg mindazt, amit Isten mond! Ő szabadított ki minket az egyiptomi szolgaságból, ezért rá hallgassunk!" Mózes a 30. fejezetben tovább hangsúlyozza a döntés jelentőségét: „Válaszd hát az életet" (19. v.). Isten népe kizárólag az ige hallgatása és megtartása által fog élni. Ez ilyen egyszerű.

Isten üzenete az újszövetségi egyház számára is ugyanez: Ő szabadított meg bennünket a bűn és a halál szolgaságából – amikor hallottuk és elhittük az igét (Róm 10,17) –, ezért továbbra is hallgassuk és tartsuk meg, amit mond! Ha így teszünk, akkor az ő képmását és dicsőségét fogjuk tükrözni.

Előfordulhat, hogy valakinek kifogása támad ezzel szemben, mondván: „Ez inkább befelé figyelésnek tűnik. Hát nem az az egyház küldetése, hogy kifelé, a misszióra és az evangélizációra tekintsen?" Kétségtelen, hogy az elhívásunk ezekre is kiterjed, hiszen ezek Isten képviseletének velejárói. Jézus azt mondja: „Jöjjetek utánam, és én emberhalászokká teszlek titeket" (Mt 4,19), illetve: „Ahogyan engem küldött az Atya, én is elküldelek titeket" (Jn 20,21). Amikor missziós vagy evangélizációs szolgálat révén építjük a mennyek országát, akkor Isten igéje szerint cselekszünk – jelen esetben a Máté 4,19, a János 20,21 és számos egyéb szakasz alapján. Nem azért hirdetjük az igét, végzünk evangélizációs szolgálatot a mennyek országáért, mert valamelyik teológus kitalálta, mi pedig jó ötletnek tartjuk, hanem azért, mert Isten az igében arra szólít fel bennünket, hogy ezt tegyük.

Végtére is az egyház alapvetően nem az evangélizálók és nem evangélizálók, hanem az Istenre hallgatók és nem hallgatók mentén oszlik meg.

Ezért jegyzi le Máté, amit Jézus a Sátánnak mondott

arról, hogyan él az ember „minden igével, amely Isten szájából származik" (Mt 4,4), meg amit a tanítványaihoz intézett utolsó tanításában: tegyetek tanítvánnyá minden népet, kereszteljétek meg őket, „tanítva őket, hogy megtartsák mindazt, amit én parancsoltam nektek" (Mt 28,20).

Ezért számol be Márk arról a jézusi példázatról, amelyben a magokat – Isten igéjéhez hasonlóan – négy különböző talajba vetik (Mk 4): némelyek elfogadják a tanítást, mások azonban nem.

Ezért nevezi magát Lukács szemtanúnak és az ige szolgájának (Lk 1,2), és ezért írja le Jézus ígéretét, miszerint „…még boldogabbak azok, akik hallgatják az Isten beszédét, és megtartják" (Lk 11,28).

Ezért írja meg János Jézus utolsó, Péterhez intézett szavait, amikor háromszor megismételte, hogy „legeltesd juhaimat" (Jn 21,15–17). Hogy mivel legeltesse őket? Az Isten igéjével.

Ezért gyűltek össze a korai egyház tagjai Az apostolok cselekedeteiben, amikor „kitartóan részt vettek az apostoli tanításban, a kenyér megtörésében és az imádkozásban" (ApCsel 2,42).

Ezért mondja Pál a rómaiaknak, hogy „a hit tehát hallásból van, a hallás pedig Krisztus beszéde által" (Róm 10,17).

Ezért biztatja a korinthusiakat, hogy „a keresztről szóló beszéd" „nekünk, akik üdvözülünk, Istennek ereje" (1Kor 1,18): mert „tetszett Istennek, hogy az igehirdetés bolondsága által üdvözítse a hívőket" (1Kor 1,21), továbbá ezért mondja később ugyanennek a gyülekezetnek, hogy ő nem „nyerészkedik Isten igéjével", „nem hamisítja meg Isten igéjét", hanem „az igazság nyílt hirdetésével ajánlja magát" az ő örökkévaló javukra (2Kor 2,17; 4,2).

Ezért figyelmezteti a galáciabelieket, hogy „ha valaki nektek más evangéliumot hirdet azon kívül, amelyet elfogadtatok, átkozott legyen!" (Gal 1,9).

Ezért ígéri az efezusiaknak, hogy „titeket is, akik hallottátok az igazság igéjét, üdvösségetek evangéliumát, és hívőkké lettetek, eljegyzett pecsétjével, a megígért Szentlélekkel" (Ef 1,13). Ezért fejti ki nekik, hogy Isten „adott némelyeket apostolokul, másokat prófétákul, ismét másokat evangélistákul vagy pásztorokul és tanítókul, hogy felkészítse a szenteket a szolgálat végzésére, Krisztus testének építésére, míg eljutunk mindnyájan a hitnek és Isten Fia megismerésének egységére, a felnőttkorra, a Krisztus teljességét elérő nagykorúságra" (Ef 4,11–13).

Ezért sarkallja a kolossébelieket, hogy „Krisztus beszéde lakjék bennetek gazdagon; úgy, hogy tanítsátok egymást teljes bölcsességgel" (Kol 3,16).

Ezért vigasztalja a filippieket, hogy „többen azok közül, akik testvéreink az Úrban, fogságom körülményeiből bizalmat merítve félelem nélkül, bátran szólják Isten igéjét" (Fil 1,14).

Ezért írja a thesszalonikaiaknak, hogy „ezért mi is szüntelenül hálát adunk Istennek, hogy amikor hallgattátok Isten általunk hirdetett igéjét, nem emberi beszédként fogadtátok be, hanem Isten beszédeként, aminthogy valóban az, és annak ereje munkálkodik is bennetek, akik hisztek" (1Thessz 2,13), és a későbbiekben ezért utasítja őket arra, hogy „testvéreim, álljatok szilárdan, és ragaszkodjatok azokhoz a hagyományokhoz, amelyeket akár beszédünkből, akár levelünkből tanultatok" (2Thessz 2,15).

Ezért mondja tanítványának, Timóteusnak, hogy a gyülekezet élére választott elöljárók „tanításra alkalmasak" legyenek, míg a gyülekezetet szolgáló diakónusoknak olyanoknak kell lenniük, „akikben megvan a hit titka tiszta lelkiismerettel" (1Tim 3,2.9). Egy későbbi levelében arra hívja fel Timóteus figyelmét, hogy munkaköri leírásának lényegében egy dolgot kell lefednie:

> ...hirdesd az igét, állj elő vele, akár alkalmas, akár alkalmatlan az idő; feddj, ints, biztass teljes türelemmel és tanítással. Mert lesz idő, amikor az egészséges tanítást nem viselik el, hanem saját kívánságaik szerint gyűjtenek maguknak tanítókat, mert viszket a fülük. Az igazságtól elfordítják a fülüket, de a mondákhoz odafordulnak (2Tim 2,2–4).

Ezért örvendezik Titusszal, hogy Isten „igéjét pedig kijelentette a maga idejében az evangélium hirdetésével, amelyre megbízást kaptam a mi üdvözítő Istenünk rendeléséből" (Tit 1,3).

Ezért buzdítja Filemont arra, hogy aktívan ossza meg a „hitét" – ahol a „hit" szó nem egyfajta szubjektív, érzelmi állapotra utal, hanem konkrét hitrendszert jelöl (Filem 6).

Ezért int a zsidókhoz írt levél szerzője, hogy „Isten igéje élő és ható, élesebb minden kétélű kardnál, mélyre hatol, az elme és a lélek, az ízületek és a velők szétválásáig, és megítéli a szív gondolatait és szándékait" (Zsid 4,12).

Ezért emlékezteti Jakab az olvasóit, hogy „az ő [Isten] akarata szült minket az igazság igéje által", és „ne csak hallgatói »legyenek« az igének, hogy »be ne csapják magukat«. »Legyenek« az igének cselekvői" (Jak 1,18, 22).

Ezért figyelmezteti Péter a különféle vallások mentén megoszlott hívőket, hogy „nem romlandó, hanem romolhatatlan magból születtek újjá, Isten élő és maradandó igéje által" (1Pt 1,23), és hogy „az Úr beszéde megmarad örökké" (1,25). Szintén ezért írja a második levelében, hogy „az Írás egyetlen próféciája sem ered önkényes magyarázatból, mert sohasem ember akaratából származott a prófécia, hanem a Szentlélektől indíttatva szóltak az Istentől küldött emberek" (2Pt 1,20–21).

Ezért emeli ki János, hogy „aki pedig megtartja az ő igéjét, abban igazán teljessé lett az Isten szeretete. Ebből tudjuk meg, hogy őbenne vagyunk. Aki azt mondja, hogy őbenne marad, annak magának is úgy kell élnie, ahogyan ő élt" (1Jn 2,5–6); illetve ezért hangsúlyozza, hogy „ez a szeretet pedig azt jelenti, hogy az ő parancsolatai szerint élünk" (2Jn 6); és „nincs nagyobb örömöm annál, mint amikor hallom, hogy az én gyermekeim az igazságban járnak" (3Jn 4).

Ezért szenteli Júdás csaknem a teljes levelét arra, hogy óvja olvasóit a hamis tanítóktól (Júd 4–16), és ígéretet tegyen arra, hogy az Úr el fog jönni, „hogy ítéletet tartson mindenek felett, és megbüntessen minden istentelent minden istentelenségért, amelyet istentelenül elkövettek, és minden káromló szóért, amelyet istentelen bűnösökként ellene szóltak" (Júd 15).

Illetve ezért írja meg János a filadelfiai gyülekezetnek a Jelenések könyvében: „Bár kevés erőd van, mégis megtartottad az én igémet, és nem tagadtad meg az én nevemet" (Jel 3,8).

* * *

Az egyházat tehát az élteti, hogy Isten igéjét hallgatja: akkor ér célt, ha megéli és bemutatja az igét, vagyis az a dolga, hogy figyeljen és képviseljen. Ez minden.

A gyülekezetek nem azzal küzdenek a legtöbbet, hogyan

lehetnének „relevánsak" vagy „stratégikusak", esetleg „érzékenyek" vagy „tudatosak". Sokkal inkább azt kell megtanulniuk, miként legyenek hűségesek: hogyan figyeljenek, bízzanak és engedelmeskedjenek.

Ebben az értelemben olyanok vagyunk, mint az ígéret földjére belépni készülő Izrael. Isten így szól hozzánk: „Figyeljetek és kövessetek!" Ám velük szemben mi már jobb helyzetben vagyunk, hiszen Jézus Krisztusban teljes kinyilatkoztatást kaptunk Istenről, továbbá Fiának Lelke, azaz megváltásunk pecsétje és ígérete is közöttünk van. A könyv második felében tehát különösen szeretnénk odafigyelni arra, mit akar tanítani nekünk Isten igéje az egészséges gyülekezetről. Remélem, az egészséges gyülekezet kilenc jellemvonása nem csak az én fejemből pattant ki – az a célom, hogy mindannyiunkat odafigyelésre buzdítsam. Lapozzunk csak vissza a tartalomjegyzékhez, hogy pontosan lássuk, miről is van szó: magyarázó igehirdetés (azaz igehirdetés a Biblia szerint), bibliai teológia, evangélium a Biblia szerint, megtérés a Biblia szerint, tagság a Biblia szerint, gyülekezeti fegyelem a Biblia szerint és így tovább.

Ha egyes olvasók nem értenének egyet valamivel a következő fejezetekben, remélem, azért lesznek más állásponton, mint én, mert másképp értelmezzük azt, amit a Biblia mond. Más szóval abban bízom, hogy valamennyien az igére figyelve döntjük el, hogy szerintünk milyennek kell lennie, illetve mit kell tennie egy helyi gyülekezetnek.

VILLÁMTANÁCSOK:
Ha azon gondolkodnánk, hogy otthagyjuk a gyülekezetünket

Mielőtt úgy döntenénk, hogy elmegyünk

1. Imádkozzunk!
2. Osszuk meg a dilemmánkat a lelkipásztorunkkal, mielőtt másik gyülekezetet választanánk vagy másik városba költöznénk! Kérjük ki a tanácsát!
3. Mérlegeljük a motivációinkat! Valamilyen bűnös, személyes konfliktus vagy csalódás miatt szeretnénk elmenni? Ha esetleg hitelvi okokból, vajon elég jelentős problémákról van szó?
4. Minden tőlünk telhetőt tegyünk meg annak érdekében, hogy valamennyi megsebzett kapcsolatunkat rendezzük!
5. Vegyük sorra a gyülekezetben tapasztalható, kegyelmet igazoló jeleket, vagyis azokat a példákat, amelyek nyilvánvalóvá teszik Isten munkáját! Ha egyetlen jelét sem látjuk Isten kegyelmének, akkor érdemes lehet még egyszer megvizsgálnunk a saját szívünket (Mt 7,3–5).
6. Legyünk alázatosak! Ne feledjük, hogy nem vagyunk minden információ birtokában, ezért nagylelkűen értékeljük az embereket és a körülményeket (feltételezzük mindenkiről a legjobbat)!
7. Ne okozzunk megoszlást a gyülekezetben!
8. A tőlünk telhető legtöbb törődéssel forduljunk a közösséghez, és még a legszűkebb baráti körünkben se szítsunk elégedetlenkedést – hiszen nem akarjuk, hogy bármi is

útjába álljon a gyülekezeti tagok lelki növekedésének. Ne pletykálkodjunk (még akkor sem, ha úgy fogalmazunk erről, hogy csak „kieresztjük a gőzt" vagy „megosztjuk a érzéseinket")!

9. Imádkozzunk a gyülekezetért és a vezetőségért, és keressük az alkalmat, hogy minél inkább segítségükre lehessünk!

10. Ha sérelem ért bennünket, bocsássunk meg, hiszen mi magunk is bocsánatot nyertünk!

2. RÉSZ

AZ EGÉSZSÉGES GYÜLEKEZET SAROKKÖVEI

AZ EGÉSZSÉGES GYÜLEKEZET SAROKKÖVEI

Tehát úgy döntöttünk, hogy egészséges gyülekezetet szeretnénk, ahol az emberek egyre jobban és jobban tükrözik Isten igében kinyilatkoztatott képmását. Legyen szó akár nagy, akár kicsi, városi vagy vidéki, hagyományos vagy korszerű közösségről; találkozzanak akár házaknál, közösségi központokban, iskolákban vagy üzletekben – a lényeg, hogy bemutassák a világnak, milyen szent és szeretetteljes az Istenük, azaz mind szóban, mind tettben bizonyságot tegyenek Isten dicsőségéről.

Ehhez a következő kérdést kell feltennünk magunknak: Mi jellemzi az egészséges gyülekezetet?

Ha a fizikai test egészségének megőrzéséről lenne szó, akkor át is térnénk arra, milyen fontos a kiegyensúlyozott étrend, a testmozgás, az elegendő alvás és így tovább. De mi a helyzet a gyülekezet testével?

A könyv további részeiben az egészséges gyülekezet kilenc jellemzőjével fogunk foglalkozni. Ezek persze nem merítik ki mindazt, ami egy gyülekezetről elmondható, sőt még csak nem is feltétlenül a legfontosabb dolgok egy gyülekezet életében. A bemerítés és az úrvacsora például minden biblikus gyülekezet elengedhetetlen része (ezt bármelyik egyháztörténetet tanuló megmondja), ám most mégsem ezekről fogok írni, hiszen majdnem minden gyülekezet gyakorolja őket – vagy legalábbis törekszik rá. A következőkben vizsgált kilenc jellemző olyan jellemvonásokat takar, amelyek alapján különbséget tehetünk az ép és egészséges, biblikus gyülekezet és ennek számos betegesebb verziója között. Mivel ezek a jellemzők a legritkább esetben vannak maradéktalanul jelen a gyülekezetekben, különösen fontos felhívni rájuk a figyelmet, és tudatosan gyakorolni őket.

Ebben a részben az a három dolog kapja a főszerepet, amelyeket az egészséges gyülekezet sarokköveinek tartok. Sarokkövek nélkül pedig aligha építkezhetünk. Ha kikerül a képletből a magyarázó (Biblia szerinti) igehirdetés, a Biblia szerinti teológia és a Biblia szerinti evangélium, akkor bizony a gyülekezet egészsége gyors és a lényeget érintő hanyatlásnak indul – sőt valójában arra számíthatunk, hogy hamarosan meg fog szűnni (még ha a gyakorlatban nyitva is áll az ajtaja).

Sajnos az egyháztörténetet számtalan olyan lelkipásztor példája terheli, akik „relevánsabbá" vagy „időszerűbbé" akarták tenni a gyülekezetüket, ezért – még ha jó szándékkal is – feladták a három sarokkő valamelyikét. Ez azt jelenti, hogy bizonyos értelemben bölcsebbek próbáltak lenni Istennél. Nos, mi semmiképp se kövessük a példájukat!

Ha valaki azt kérdezné tőlem, hogy elfogadjon-e lelkipásztori szolgálatot egy olyan gyülekezetben, ahol nem akarják, hogy magyarázó igehirdetéseket mondjon, akkor valószínűleg lebeszélném róla. Ha egy keresztény azzal keresne meg, hogy a gyülekezetében következetesen hamis evangéliumot tanítanak, akkor valószínűleg arra biztatnám, hogy fontolja meg a gyülekezetváltás lehetőségét.

Hogy miért vagyok ezek ügyében ilyen határozott? Pontosan azért, amiért lebeszélnék valakit egy olyan étteremről, ahol nem valódi ételeket, hanem csak ételekről készült fényképeket szolgálnak fel. Isten igéje, és csakis Isten igéje ad életet!

ÖTÖDIK FEJEZET

AZ EGÉSZSÉGES GYÜLEKEZET SAROKKÖVE: MAGYARÁZÓ IGEHIRDETÉS

Ha az egészséges gyülekezet egyre jobban és jobban tükrözi Isten képmását – amelyet pedig az igéből ismerhetünk meg –, akkor logikus, hogy az egészséges gyülekezetépítés első lépéseként Isten igéjét kell hallgatnunk. Az élet és az egészség Isten igéjéből ered: ezáltal növekszik, formálódik és marad meg mindaz, amit a gyülekezet megért az evangéliumból.

A magyarázó igehirdetés tehát mind a lelkipásztorok, mind a gyülekezetek számára kulcsfontosságú, hiszen ez a fajta prédikáció valóban magyarázza Isten igéjét: kiválaszt, értelmez, majd átültet a gyakorlatba egy bizonyos szakaszt a gyülekezet életében. Legfőbb célja, hogy megértsük, mit mond Isten a népének (és azoknak is, akik nem tartoznak a néphez). Ha szívügyünk a magyarázó igehirdetés, azzal lényegében az ige megértésének fontosságát fejezzük ki.

Az igehirdetésnek persze számos egyéb fajtája is létezik: a tematikus igehirdetés például konkrét témáról szólva választ ki egy vagy több szakaszt – például az imádság vagy az adakozás témáját taglalva. Az életrajzi igehirdetés valamely bibliai szereplő életét emeli ki, hogy annak révén mutassa be Isten kegyelmét, valamint a reménység és a hűség példájaként állítsa elénk. Alkalomadtán ezek a típusok is hasznosak lehetnek, ám fontos, hogy a gyülekezet rendszeres lelki tápláléka az ige egyes szakaszainak magyarázata és alkalmazása legyen.

A magyarázó igehirdetés gyakorlásával azt fejezzük ki, hogy amit Isten mond, az irányadó a népe számára: hallaniuk kell az igét – mi több: szükségük van rá –, mert enélkül megfosztják magukat attól, ami által Isten a saját képére akarja formálni őket. Ezáltal azt is feltételezzük, hogy Isten mindkét szövetségen és minden igei műfajon keresztül tanítani akarja az egyházat – legyen szó akár törvényről, történeti írásról, bölcsességirodalomról, próféciáról, evangéliumról vagy apostoli levélről. Azt hiszem, a két szövetséget és a különféle igei műfajokat váltogató, valamennyi bibliai könyvet végigtanulmányozó igehirdető olyan édesanyához hasonlít, aki mindenféle ételt ad a gyermekeinek – nem csak a két-három kedvencüket.

Egy magyarázó igehirdető tekintélye az igénél kezdődik, és ott is ér véget. Hasonlóan az ószövetségi prófétákhoz és az újszövetségi apostolokhoz (akik nem arra kaptak elhívást, hogy menjenek és mondjanak valamit, hanem arra, hogy konkrét üzenetet adjanak át az embereknek) napjaink keresztény igehirdetői is csak addig szólhatnak tekintéllyel Istenről, amíg az ő szavait közvetítik.

Ha valaki meggyőződéssel vallja ugyan, hogy Isten igéje az irányadó és a Biblia tévedhetetlen, ám a gyakorlatban (akár szándékosan, akár nem) nem magyarázva hirdeti az igét, akkor saját hitvallását cáfolja meg.

A magyarázó igehirdetést olykor összetévesztik egy bizonyos „magyarázva hirdető" stílussal, a magyarázó igehirdetés azonban nem stílus kérdése. Nem az a lényege, hogy az igehirdető hogyan fejezi ki magát, hanem az, hogy mi alapján dönti el, mit mondjon: az igére épít, vagy sem? A magyarázó igehirdetést nem valamilyen stílus vagy forma, hanem a bibliai tartalom jellemzi.

Néha az is magyarázó igehirdetésnek tűnhet, amikor elolvasunk egy igeverset, aztán olyan témáról prédikálunk, amely csak távolról kapcsolódik hozzá. Ám ha egy lelkész maga választ témát, a bibliai szövegeket pedig csak arra használja, hogy alátámassza velük az álláspontját, akkor sosem fog többről prédikálni, mint amit már eleve tudott, a gyülekezet pedig csak annyit fog megtanulni a szavaiból, amennyit a lelkész már korábban is tudott.

A magyarázó igehirdetéshez ennél bizony többre van szükség: nagyon fontos, hogy kellő figyelmet szenteljünk az igeszakasz szövegkörnyezetére, hiszen az a célunk, hogy a prédikáció mondanivalója megegyezzen a bibliai szövegével.

Ha egy lelkész ilyen módon, a kontextus figyelembevételével prédikál egy szakaszról, akkor Isten neki is és a gyülekezetnek is olyan dolgokat taníthat, amelyekre nem is szándékozott rámutatni, amikor az igehirdetésre készült: „Jövő héten a Lukács 1-et vesszük át, és megnézzük, mit tanít nekünk Isten általa. Az azt követő héten a Lukács 2 következik, vagyis mindaz, amit Isten ez alapján mond nekünk. Egy héttel később..."

Gondoljuk csak végig eddigi keresztény életünket – onnantól kezdve, hogy Isten bűnbánatra hívott, egészen addig, hogy nemrégiben szembesített valamivel –, s máris összeáll a kép! Vajon nem akkor növekedtünk lelkileg, amikor addig sosem tapasztalt módon szólt hozzánk? A lelkészek szolgálatát ennek a fajta gyakorlati szintű, igei alárendelődésnek kell fémjeleznie. De ne feledjük: végső soron a gyülekezet felelőssége, hogy ez ügyben elszámoltassa a lelkipásztort! Jézus a Máté 18-ban, Pál pedig a Galata 1-ben azt mondja, hogy a gyülekezetben történtekért magát a közösséget terheli a felelősség – éppen ezért a gyülekezet sosem adhat lelkivezetői szerepet olyasvalakinek, aki a gyakorlatban nem kötelezte el magát az ige hallgatása és tanítása mellett. Ha mégis megteszi, azzal lassítja saját növekedését, továbbá borítékolja, hogy sosem haladja meg a lelkipásztor lelki érettségi szintjét.

Isten népe mindig is az ige alapján formálódott: a teremtéstől (1Móz 1) kezdve Abrám elhívásáig (1Móz 12), a száraz csontok völgyéről szóló látomástól fogva (Ez 37) egészen az élő Ige, azaz Jézus Krisztus eljöveteléig – Isten mindig is az igén keresztül formálta a népet. Pál a rómaiaknak azt üzeni, hogy „a hit tehát hallásból van, a hallás pedig Krisztus beszéde által" (Róm 10,17), a korinthusiaknak pedig azt írja, hogy „mivel tehát a világ a saját bölcsessége útján nem ismerte meg Istent a maga bölcsességében, tetszett Istennek, hogy az igehirdetés bolondsága által üdvözítse a hívőket" (1Kor 1,21).

Az egészséges magyarázó igehirdetés sok esetben a gyülekezet valódi lelki növekedésének forrása. Ahogy Luther Márton megtapasztalta, hogy az Isten igéjére való odafigyelés reformációt indít el, nekünk is fel kell ismernünk, hogy Isten igéje folyamatosan formálja a gyülekezeteinket.

Egy londoni gyülekezetben tartott egész napos szemináriumi előadásom közben megjegyeztem, hogy a puritán prédikációk akár kétórásak is lehettek. Ekkor az egyik hallgató hangosan felsóhajtott, majd megkérdezte: „Úgy mennyi idő maradt a dicsőítésre?" Nyilván azt feltételezte, hogy az igehirdetés hallgatása nem része a dicsőítésnek. Elmondtam neki, hogy a korábbi évszázadok során számos angol protestáns szerint az volt a dicsőítés legfontosabb eleme, amikor saját nyelvükön hallhatták Isten igéjét (erre mártírok vérén megváltott szabadságként tekintettek), és az életükkel válaszolhattak rá. Hogy maradt-e idejük az éneklésre – noha nem volt teljesen mellékes kérdés –, az viszonylag kevés fejtörést okozott számukra.

Nekünk is helyre kell állítanunk az ige dicsőítésben betöltött központi szerepét: bár a zene egyfajta biblikus válaszreakció Isten igéjére, nem az a célja, hogy erre építsük a gyülekezeteinket. Az ilyen közösségek – bármilyen stílusú zenéről legyen is szó – valójában futóhomokra épülnek.

Keresztényként mi is imádkozzunk azért, hogy a lelkipásztorunk odaszánja magát az ige komoly, alapos és buzgó tanulmányozására! Kérjük Istent, hogy vezesse el őt az ige megértésére, valamint a saját és a gyülekezet életében való bölcs alkalmazására (lásd Lk 24,27; ApCsel 6,4; Ef 6,19–20)! Emellett biztosítsunk számára elég időt arra, hogy a hét során jó prédikációt állíthasson össze, hiszen az igehirdetés a pásztorolás alapvető alkotóeleme! Bátorításként pedig osszuk meg vele, hogy az ige mellett tanúsított hűségének köszönhetően miként növekedtünk lelkileg!

Mi, lelkipásztorok szintén imádkozzunk ezekért – de ne csak magunkért, hanem más gyülekezetekért is, amelyek a környékünkön, a városunkban, az országunkban, valamint szerte a világban hirdetik és tanítják Isten igéjét! Végezetül imádkozzunk azért, hogy a közösségeink odaszántan hallgassák Isten igéjének magyarázó hirdetését, és ezáltal a gyülekezetek célja egyre jobban tükrözze Isten igében kijelentett célját! A magyarázó igehirdetés melletti elköteleződés tehát az egészséges gyülekezet egyik sarokköve.

HATODIK FEJEZET

AZ EGÉSZSÉGES GYÜLEKEZET SAROKKÖVE: BIBLIAI TEOLÓGIA

Vajon mit jelenthetnek ezek a dőlten szedett szavak: „Tudjuk, hogy amikor ez nyilvánvaló lesz, *hasonlóvá leszünk hozzá*, mert olyannak fogjuk őt látni, amilyen valójában" (1Jn 3,2)?

Ha figyelmesen végigkövettük a harmadik fejezetben bemutatott bibliai cselekményt, akkor bizonyára tudjuk, mire utal ez a rész: az idők végén az egyház tisztán, már a bűn torzításától mentesen fogja tükrözni Isten szent, szeretetteljes képmását.

Ám egy mormon templomban azt a tanítást hallanánk, hogy a „hasonlóvá leszünk hozzá" kifejezés értelmében mindannyian istenek leszünk.

Hogy mi a különbség a két értelmezés között? Nos, az egyik a teljes bibliai teológiára épít, a másik viszont nem.

Az előző fejezetben azt mondtuk, hogy a magyarázó igehirdetés a gyülekezetek egészségének elengedhetetlen feltétele, de bármilyen jó módszerről legyen is szó, mégiscsak van lehetőség visszaélésre. A gyülekezeteknek tehát nemcsak azzal kell foglalkozniuk, hogy miként tanítanak bennünket, hanem azzal is, hogy mit tanítanak nekünk. Ezért kijelenthetjük, hogy az egészséges gyülekezet második sarokköve az ép és egészséges bibliai teológia, máskülönben az egyes igeverseknek olyan jelentést tulajdoníthatunk, amilyet csak akarunk.

Az épség meglehetősen régimódi szó, mégis fontos becsben tartanunk, hiszen ép, azaz egészséges megértésre van szükségünk ahhoz, hogy megtudjuk, ki a Biblia Istene, és hogyan viszonyul hozzánk. Pál számos alkalommal használja az „ép" (vagyis egészséges) kifejezést Timóteusnak és Titusznak írt lelkipásztori leveleiben. Ez a szó azt is jelenti, hogy „megbízható", „pontos" vagy „hűséges". Eredetét tekintve az orvostudomány világából származó képről van szó, amelynek jelentése egész vagy egészséges. A biblikusan ép, azaz egészséges teológia tehát hű a teljes Biblia tanításához: az egyes részeket a nagy egész tükrében, megbízhatóan és pontosan magyarázza.

Pál Timóteushoz írt első levelében úgy fogalmaz, hogy az „egészséges tanítás" nem más, mint „a boldog Isten dicsőségéről szóló evangélium", amely ellenkezik a gonoszsággal és a bűnnel (1Tim 1,10–11). Később a „tévtanokat" állítja szembe „a mi Urunk Jézus Krisztus egészséges beszédével és a kegyességhez illő tanítással" (1Tim 6,3).

Timóteushoz írt második levelében Pál azt mondja tanítványának: „az egészséges beszéd példájának tekintsd, amit éntőlem hallottál, a Krisztus Jézusban való hitben és szeretetben" (2Tim 1,13). Ezután arra figyelmezteti, hogy „lesz idő, amikor az egészséges tanítást nem viselik el, hanem saját kívánságaik szerint gyűjtenek maguknak tanítókat, mert viszket a fülük" (2Tim 4,3).

Pál hasonló aggodalmakat fogalmaz meg egy másik fiatal lelkipásztornak, Titusznak írt levelében is. Azt kéri, hogy az, akit Titusz a gyülekezet elöljárójának nevez ki, olyan legyen, „aki ragaszkodik a tanítással megegyező igaz beszédhez, hogy az egészséges tanítással tudjon bátorítani, és meg tudja győzni az ellenszegülőket" (Tit 1,9). Kiemeli: a hamis tanítókat meg kell feddni, „hogy egészséges legyen a hitük" (Tit 1,13), végül pedig arra szólítja fel Tituszt, hogy „azt hirdesd, ami megegyezik az egészséges tanítással" (Tit 2,1).

A lelkipásztori tanításnak egészségesnek, azaz megbízhatónak, pontosnak és Bibliához hűnek kell lennie, erről pedig a gyülekezetnek kell elszámoltatnia a lelkipásztort.

Ha mindazt fel akarnánk sorolni, amit az egészséges tanítás takar, akkor az egész Bibliát meg kellene ismételnünk. Azt azonban minden gyülekezet maga dönti el, hogy milyen kérdésekben tart igényt teljes egyetértésre, mi mindenben enged meg némi véleménykülönbséget, és hol ad teret a teljes szabadságra.

A mi Washington D. C.-beli gyülekezetünkben minden gyülekezeti tagtól elvárjuk, hogy higgyen az egyedül Jézus Krisztus általi megváltásban. Emellett a hitvalló bemerítés és a gyülekezetszervezés kapcsán is ugyanolyan – vagy legalábbis nagyon hasonló – elveket vallunk abban az ügyben, hogy kié legyen a döntő szó. A bemerítés és a szervezeti felépítés kérdéskörében kialakult egyetértés nem szükséges a megváltáshoz, ám megkönnyíti a gyülekezet mindennapjait, és hozzájárul az egészséges működéshez.

Ám azokban a kérdésekben, amelyek sem a megváltás, sem a gyakorlati élet szempontjából nem meghatározóak, a gyülekezetünk megenged valamennyi véleménykülönbséget. Abban mind egyetértünk, hogy Krisztus vissza fog térni, az időzítés kérdésében viszont eltérő álláspontokon vagyunk.

A nem igazán jelentős vagy kevésbé egyértelmű kérdésekben pedig – például a fegyveres ellenállás helyes voltának megítélése vagy a Zsidókhoz írt levél szerzőjének személye – teljes szabadságot adunk.

Ezt arra az alapelvre építjük, hogy minél inkább érinti egy kérdés a hitünk lényegét, annál fontosabb az egység – az egészséges bibliai tanításban tehát egyet kell értenünk. A korai egyház szavaival élve: a lényeges dolgokban egység, egyebekben szabadság, de mindenben szeretet.

Az olyan gyülekezet, amely szívügyének tekinti az egészséges tanítást, egyúttal a bibliai hitelvek mellett is elkötelezi magát, ami sajnos gyakran kiszorul a gyülekezetek gyakorlatából. Elképzelhető, hogy egyes tanításokat nehéznek vagy akár megosztónak érzünk, ám abban biztosak lehetünk, hogy Isten ezeket is arra használja, hogy az igén keresztül megérthessük megváltó munkáját.

A Szentlélek nem ostoba: ha az igén keresztül az egész világnak kijelentett valamit, akkor ne gondoljuk, hogy gyülekezetként bármit is felülírhatunk benne. Hogy lelkipásztorként bölcsességgel és törődéssel beszéljünk-e bizonyos dolgokról? Feltétlenül. De vajon teljes egészében kihagyhatjuk ezeket a témákat? Semmiképpen. Ha egészséges, bibliai tanítás által vezetett gyülekezetet szeretnénk, akkor a teljes Bibliát el kell fogadnunk.

A kiválasztás bibliai tanítását például gyakran kerülik, mert túl bonyolultnak vagy kaotikusnak tűnik, ám akármilyennek érződik is, kétségtelenül biblikus. Még ha nem is mindent értünk a kiválasztással kapcsolatban, az azért nem kis dolog, hogy a megváltásunk végső soron nem tőlünk, hanem Istentől ered. De akadnak még olyan kérdések, amelyekre a Biblia választ ad, egyes gyülekezetek mégis inkább mellőzik őket, így például:

- Az ember alapvetően jó vagy rossz? Csak bátorításra és önbecsülésre van szüksége, vagy megbocsátásra és új életre?
- Mi történik, amikor valaki kereszténnyé lesz?
- Ha keresztények vagyunk, biztosak lehetünk abban, hogy Isten mindig gondoskodni fog rólunk? Ha igen, akkor Isten folyamatos gondviselése a mi hűségünkön múlik, vagy az övén?

Ezeket a kérdéseket nem csak a könyveket bújó teológusok vagy a fiatal szemináriumi hallgatók teszik fel: minden keresztény számára fontosak. Mi, lelkipásztorok tisztában vagyunk azzal, mennyire másképp pásztorolnánk a gyülekezetünket, ha a fenti kérdésekre adott válaszaink közül akár csak egy is megváltozna. Ám az igéhez való hűség és Isten hiteles képviseletének vágya megköveteli, hogy tisztán és tekintéllyel beszéljünk ezekről a témákról.

Gondoljunk csak bele: ha olyan gyülekezetet szeretnénk, amely Isten jellemét tükrözi, vajon nem akarnánk maradéktalanul ismerni mindazt, amit magáról a Bibliában kijelentett? Ha nemmel válaszolnánk, mit mutatna ez az istenképünkről?

Kulcsfontosságú, hogy a Biblia tanítása alapján ismerjük meg Istent: a Biblia Istene Teremtő és Úr, még ha olykor tagadják is a szuverenitását (akár az egyházon belül is).

Amikor az önmagukat kereszténynek vallók elutasítják Istennek a teremtésben vagy a megváltásban gyakorolt szuverenitását, akkor valójában ájtatos pogányságban élnek. A keresztények őszinte érdeklődéssel teszik fel kérdéseiket Isten szuverenitása kapcsán, ám ha valaki tartósan és makacsul tagadja Isten szuverenitását, az bizony aggodalomra ad okot. Ha ilyen embert merítünk be, akkor előfordulhat, hogy a szív szintjén bizonyos értelemben hitetlen marad. Az ő gyülekezeti tagságának elfogadása azt fejezi ki, hogy úgy tekintünk rá, mintha követné Istent, holott valójában nem teszi.

Az effajta ellenállás bármely keresztény számára veszélyes, de még aggasztóbb a helyzet, ha a gyülekezet vezetőjében fogalmazódik meg. Ha egy gyülekezet olyan vezetőt választ, aki kételkedik Isten szuverenitásában vagy félreérti a Biblia tanítását, akkor olyan ember példáját követi, aki talán nem is akarja követni Istent – ez pedig előbb vagy utóbb gátolni fogja a gyülekezet növekedését.

Manapság gyakran megesik, hogy a bennünket körülvevő fogyasztói szemléletű, anyagias kultúra hatására egyes gyülekezetek a Lélek munkáját marketingszempontból kezdik értelmezni, az evangélizációs szolgálatra pedig egyfajta reklámként tekintenek, vagyis Istent teszik az ember képmásává. Napjaink egészséges gyülekezeteinek rendkívül odaszántan kell imádkozniuk azért, hogy a vezetőik biblikus és tapasztalati megértéssel kezeljék Isten szuverenitását. Azért is érdemes lenne imádkozniuk, hogy a vezetőik elkötelezettek maradjanak az egészséges tanítás mellett – a maga teljes, biblikus dicsőségében. Az egészséges gyülekezetet tehát magyarázó igehirdetés és bibliai teológia jellemzi.

HETEDIK FEJEZET

AZ EGÉSZSÉGES GYÜLEKEZET SAROKKÖVE: EVANGÉLIUM A BIBLIA SZERINT

Különösen fontos, hogy a gyülekezetünk tanítása Jézus Krisztus örömhírét, vagyis az evangéliumot illetően egészséges és biblikus legyen. Az evangélium a kereszténység szíve-lelke, ezért a gyülekezetünk számára is meghatározónak kell lennie.

Az egészséges gyülekezet valamennyi tagját – fiatalt és időset, érettet és éretlent – Jézus Krisztus megváltásának csodálatos örömhíre egyesíti, a Biblia minden lapja erre az igazságra (vagy ennek valamely aspektusára) mutat. A gyülekezet azért jön össze minden héten, hogy újra és újra hallja az evangéliumot: minden egyes prédikációnak, bemerítésnek és úrvacsorának, minden éneknek, imádságnak és beszélgetésnek a Biblia szerinti evangéliumot kell tükröznie. Az egészséges gyülekezet tagjai elsősorban azért imádkoznak és arra vágynak, hogy egyre mélyebben értsék az evangéliumot.

Hogy miért? Mert az evangélium lényegében annak reménysége, hogy felragyog előttünk Isten dicsőségének ismerete Krisztus arcán (2Kor 4,4–6); tisztán látjuk és teljesen ismerjük őt, éppúgy, ahogy ő ismer minket (1Kor 13,8), és hasonlóvá leszünk hozzá (1Jn 3,2).

Az evangélium nem azt mondja, hogy minden rendben van velünk, vagy hogy Isten a szeretet. Nem arról szól, hogy Jézus a barátunk akar lenni, sőt még csak nem is arról, hogy Istennek csodálatos terve és célja van az életünkkel. Ahogy az első fejezetben hosszabban is kifejtettük, az evangélium azt jelenti, hogy Jézus Krisztus mint helyettesítő áldozat meghalt a bűnösökért a kereszten, majd feltámadt, hogy békét köthessünk Istennel. Az a lényege, hogy ha megbánjuk a bűneinket és hiszünk, akkor a Bíró egyszerre Atya lesz. (A teljes magyarázatért lapozzunk vissza az első fejezethez!)

Amikor – akár személyesen, akár előadás formájában – megosztom az evangéliumot másokkal, az alábbi négy pontot próbálom észben tartani: (1.) Isten, (2.) ember, (3.) Krisztus és (4.) válasz. Vagyis:

- Elmondtam-e nekik, hogy Isten szent és szuverén Teremtő?
- Világossá tettem-e számukra, hogy az emberben furcsán keveredik Isten csodálatos képmása és a borzasztóan elbukott, bűnös, Istentől elszakadt természet?
- Elmagyaráztam-e nekik, kicsoda Jézus, és mit végzett el: hogy ő az Istenember, aki helyettesítő áldozatként és feltámadt Úrként egyedülálló és kizárólagos híd Isten és ember között?
- Végezetül – még ha mindezt el is mondtam nekik – egyértelművé tettem-e, hogy válaszolnunk kell az evangéliumra, hinnünk kell benne, és el kell fordulnunk eddigi énközpontú, bűnös életünktől?

Olykor csábító lehet úgy megosztani az evangéliummal járó nagyon is valódi előnyöket, mintha egyenlőek lennének az evangéliummal. Ezek többnyire olyan dolgok, amelyekre a nem keresztények természetszerűen vágynak: például öröm, béke, boldogság, beteljesülés, önbecsülés vagy szeretet. Ám ha úgy mutatjuk be őket, mint az evangéliumot, akkor csak részleges igazságot hirdetünk. Ahogy J. I. Packer mondja: „A teljes igazságnak álcázott féligazság teljes igaztalansággá válik."[2]

Alapvetően nem csak örömre, békére vagy célra, hanem magára Istenre vágyunk; mivel elítélt bűnösök vagyunk, mindenekelőtt Isten megbocsátására és lelki életre van szükségünk. Ha kevésbé radikálisan mutatjuk be az evangéliumot, akkor csak hamis megtérések, valamint egyre hoszszabb és hosszabb, ám annál jelentéktelenebb gyülekezeti taglisták születnek – ezek pedig hátráltatják az evangélizációs szolgálatot.

Ha egy gyülekezet egészségesen működik, és a tagjai a lehető legjobban ismerik és szeretik az evangéliumot, akkor egyre inkább vágynak arra, hogy megoszthassák a világgal. George W. Truett, az előző generáció egyik remek keresztény vezetője, a dallasi First Baptist Church lelkipásztora így fogalmazott:

> A legfőbb vád, amellyel egy gyülekezetet illethetünk (...), nem más, mint hogy hiányzik belőle az emberek iránti lelkesedés és irgalom. Ha egy gyülekezetből nem árad az elveszett lelkek iránti könyörület, és ha nem tesz lépéseket annak érdekében,

---

2. Idézet: John Owen, „Introduction", *The Death of Death in the Death of Christ* (Edinburgh: Banner of Truth, 1959, rprt. 1983), 2

hogy az elveszett lelkeket Jézus Krisztus ismeretére vezesse, akkor az a gyülekezet nem több holmi erkölcsi klubnál.³

Manapság a gyülekezeti tagok – akár otthon, akár az irodában vagy a lakókörnyezetükben – sokkal több időt töltenek nem keresztények, mint keresztények között vasárnaponként. Az evangélizációs szolgálat azonban nem merülhet ki annyiban, hogy meghívunk valakit az istentiszteletre. Mindannyian a krisztusi megváltás csodálatos örömhírét hordozzuk – ezt semmiért se cseréljük el, sőt még ma osszuk meg valakivel!

Az egészséges gyülekezet tehát ismeri és megosztja az evangéliumot.

---

3. George W. Truett, *A Quest for Souls* (New York: Harper & Brothers, 1917), 67.

VILLÁMTANÁCSOK:
Hogyan találjunk jó gyülekezetet?

1. Imádkozzunk!
2. Kérjük ki istenfélő lelkipásztor (vagy elöljáró) tanácsát!
3. Figyeljünk a fontossági sorrendünkre!
   - Lényeges, hogy valóban elhiggyük, tisztán tanítsuk és hűségesen megéljük az evangéliumot. Ha bármely tekintetben komoly hiányosságot tapasztalunk, az igen nagy veszélyt jelent.
   - Fontos, hogy a tanítás hű legyen az igéhez, személyes kihívás elé állítson, és meghatározza a gyülekezet életét. Csak olyan helyen tapasztalhatunk lelki növekedést, ahol az ige tekintélye elsődleges.
   - Azt is mérlegelnünk kell, miként szabályozza a gyülekezet a bemerítést, az úrvacsorát, a gyülekezeti tagságot, a gyülekezeti fegyelmet és a döntéshozatal során kimondott utolsó szó jogát.
   - Más szóval olvassuk el a könyv 5–13. fejezetét!
4. Tegyünk fel magunknak ellenőrző kérdéseket, például:
   - Örülnénk-e, ha olyan házastársunk lenne, aki ezen a gyülekezeti tanításon nőtt fel?
   - A gyermekünk milyen képet kapna a kereszténységről ebben a gyülekezetben: olyat, amely inkább hasonlít a világra, vagy különbözik tőle?
   - Szívesen hívnánk-e nem keresztényeket ebbe a gyülekezetbe? Tisztán hallanák-e az evangéliumot, és azzal

összhangban lévő életeket látnának-e? Szívén viseli-e a gyülekezet a nem keresztények elérését és befogadását?
* Ebben a gyülekezetben mi magunk is szolgálhatunk?
5. A földrajzi vonatkozásokat is fontoljuk meg! A gyülekezet és az otthonunk fizikai távolsága inkább segítené vagy hátráltatná a rendszeres részvételünket és szolgálatunkat? Ha új környékre költözünk, házvásárlás előtt próbáljuk meg felmérni, hol van jó gyülekezet!

3. RÉSZ

AZ EGÉSZSÉGES GYÜLEKEZET FONTOS JELLEMZŐI

AZ EGÉSZSÉGES GYÜLEKEZET FONTOS JELLEMZŐI

Ha a következőkben felsorolt kilenc jellemző biblikus, akkor Krisztus gyülekezeteiben meghatározónak kell lenniük. A sarokkövek és a fontos jellemzők közötti különbségtétel mégis arra emlékeztet bennünket, hogy a megszentelődés (mind a gyülekezeti, mind a személyes életünkben) időbe telik. Csakúgy, mint a gyermeknevelésben, Isten a gyülekezetépítésben is türelemre int bennünket.

Ezek a fontosnak tekintett jellemzők valóban azok – legalábbis egyenként vizsgálva őket –, a hiányuk azonban nem indokol gyülekezetváltást (még ha adott esetben bölcs dolog is így dönteni). Azok a gyülekezetek, amelyekben nincsenek meg ezek a fontos jellemzők, inkább a személyesen megélt imádság, türelem és példamutatás színterei lehetnek.

Ha egy lelkipásztor azt kérdezi tőlem, meddig hunyjon szemet a nem biblikus vezetői struktúra felett, ha egy keresztény arról faggat, meddig tűrje még a gyülekezeti fegyelem gyakorlásában vallott kudarcot, vagy ha egy diakónus azt szeretné tudni, meddig kell elviselnie a teljesen légből kapott tagsági szerepköröket, akkor nagy valószínűséggel azt fogom nekik javasolni, hogy legyenek türelmesek, imádkozzanak, mutassanak példát, szeressenek és várjanak, hiszen a növekedés lassú folyamat. Ne feledjük, hogy a gyülekezet egy nép, a mi elhívásunk pedig nem más, mint megbocsátani nekik, bátorítani, szolgálni, (alkalomadtán, de megnyerően) kihívás elé állítani, és mindenekelőtt szeretni őket.

Ám ahogy a földi életben nincsenek tökéletes keresztények, úgy tökéletes gyülekezetekre sem számíthatunk: még a legjobb közösségek is messze elmaradnak a tökéletesség mércéjétől. Sem a helyes intézményrendszer, sem a merész igehirdetés, sem az áldozatkész adakozás, sem a hitelvi hagyománytisztelet nem garantálja, hogy a gyülekezet növekedni fog, ugyanakkor minden gyülekezet lehetne egészségesebb a jelen állapotánál. Ebben az életben sosem tapasztalhatjuk meg a bűn feletti teljes győzelmet, de ha valóban Isten gyermekei vagyunk, akkor sem nekünk, sem a gyülekezeteinknek nem szabad feladniuk a küzdelmet. Fontos, hogy a keresztények – különösen a lelkipásztorok és a gyülekezetvezetők – vágyjanak arra és tegyenek azért, hogy a gyülekezetek egészségesebbek legyenek.

NYOLCADIK FEJEZET

AZ EGÉSZSÉGES GYÜLEKEZET FONTOS JELLEMZŐJE: MEGTÉRÉS A BIBLIA SZERINT

Gyülekezetünk első megbeszélésén – amelyre még 1878-ban került sor – elfogadták az 1833-as New Hampshire-i hitvallás megerősített változatát. Lehet, hogy a régimódi nyelvezet kissé nehezen érthető, de azért próbáljuk végigolvasni! A hitvallás VIII. cikkelye így szól:

> Hisszük, hogy a bűnbánat és a hit szent kötelezettségek, mindemellett felbonthatatlan kegyelmi eszközök, amelyeket Isten megújító Lelke munkált ki szívünkben; ezáltal mélységesen szembesültünk bűnös mivoltunkkal, fenyegetettségünkkel és kiszolgáltatottságunkkal, valamint megismertük a Krisztus általi megváltást, ezért őszinte bűnbánattal és bűnvallással, irgalomért esedezve fordulunk Istenhez; mindeközben szívünkbe fogadjuk az Úr Jézus Krisztust mint Prófétánkat, Főpapunkat és Királyunkat, illetve egyedül Benne bízunk mint egyetlen és minden szükséget betöltő Megváltóban.

Manapság már nem sokan beszélnek vagy írnak ilyen stílusban, a fent említett bibliai igazságok azonban mit sem változtak: az egészséges gyülekezet fontos eleme a Biblia szerinti megtérés.

A hitvallás eleje megtérésre és hitre szólít fel, csakúgy, mint Jézus a szolgálata kezdetén: „Térjetek meg, és higgyetek az evangéliumban!" (Mk 1,15). Egyszerűen fogalmazva tehát a megtérés egyenlő a bűnbánattal és a hittel.

A hitvallás a továbbiakban a bűnbánat és a hit fogalmát fejti ki: úgy fogalmaz, hogy Istenhez „fordulunk" a bűnünkből, „elfogadjuk" Krisztust, és egyetlen, minden szükséget betöltő Megváltóként „bízunk" benne. Az Újszövetség telis-tele van olyan képekkel, amelyek arról szólnak, hogy a bűnösök felhagynak bűnükkel, elfogadják Krisztust, és bíznak benne: gondoljunk csak Lévire, a vámszedőre, aki Krisztus követéséért elhagyta korábbi mesterségét, vagy az asszonyra a kútnál, esetleg a római századosra! De eszünkbe juthat Péter, Jakab és János is, nem beszélve a keresztényüldöző Saulról, akiből később Pál, a pogányok apostola lett. Hosszú a lista, de mindegyikükre igaz, hogy megfordul, bízik és követ: ez maga a megtérés.

Nem az a lényeg, hogy kívülről fújjunk egy hitvallást, elmondjunk egy imádságot, vagy beszélgessünk egy jót. Nem is arról, hogy nyugati emberré váljunk, esetleg elérjünk egy bizonyos kort, elvégezzünk valamilyen képzést, vagy bármi más, felnőtté válási rituálén essünk át. Ez nem egyfajta utazás, amelybe mindenki más-más ponton kapcsolódik be: a megtérés azt jelenti, hogy önigazultságunkat hátrahagyva egész életünket Krisztus megigazítására tesszük fel, a saját szabályaink helyett Isten szabályait, a bálványimádás helyett pedig Isten imádatát választjuk.

De ne tévesszük szem elől, mi mindent mond még ez a hitvallás a megtérésünkről: azért váltunk irányt, mert „mélységesen szembesültünk bűnös mivoltunkkal, fenyegetettségünkkel és kiszolgáltatottságunkkal, valamint megismertük a Krisztus általi megváltást". Ez meg hogyan történik? Mégis ki szembesít bennünket? Ez az a felismerés, amelyet „Isten megújító Lelke munkált ki a szívünkben".

A hitvallás ezt két igerésszel támasztja alá:

> Amikor mindezt hallották, megnyugodtak, dicsőítették Istent, és így szóltak: Akkor tehát a pogányoknak is megadta Isten, hogy megtérjenek és éljenek (ApCsel 11,18)!

> Hiszen kegyelemből van üdvösségetek hit által, és ez nem tőletek van: Isten ajándéka, nem cselekedetekért, hogy senki se dicsekedjék (Ef 2,8–9).

Ha azt hisszük, hogy a megtérésünket mi magunk vittük véghez – függetlenül attól, amit Isten előtte munkált ki bennünk –, akkor bizony félreértelmezzük. A megtéréshez persze a mi döntésünk is hozzátartozik (ahogy korábban már kifejtettük), ám ennél jóval többről van szó: az ige azt tanítja, hogy új szív, megújult elme és életre kelt lélek szükséges hozzá. Mi azonban képtelenek vagyunk kimunkálni ezeket; az a változás, amelyre minden embernek szüksége van, annyira radikális, és olyan mélyen érinti a bensőnket, hogy egyedül Isten képes véghez vinni bennünk. Kezdetben is ő teremtett, így új teremtéssé is neki kell átformálnia bennünket. Ő felelt a természetes születésünkért, ezért újjászülnie is neki kell bennünket. A megtéréshez tehát Istenre van szükségünk.

A XIX. századi lelkipásztor, Charles Spurgeon mesélte, hogy London egyik utcáján sétált, amikor részeg férfi közeledett felé, majd egy lámpaoszlopnak dőlve megszólította: „Nahát, Mr. Spurgeon, én az egyik megtérője vagyok!" Spurgeon azt felelte: „Valóban az enyém lehet – merthogy nem az Úré, az egészen biztos!"

Ha egy gyülekezet félreérti a Biblia megtérésről szóló tanítását, akkor könnyen előfordulhat, hogy olyan emberekkel telik meg, akik az életük során őszintén kijelentették, hogy keresztények lettek, mégsem élték át azt a radikális változást, amelyre a Biblia megtérésként utal.

A valódi megtérésnek része lehet egyfajta érzelmi élmény is, de nem feltétlenül. Az viszont biztos, hogy a gyümölcsein keresztül meg fog mutatkozni. Vajon megjelenik-e ezekben az életekben a változás bizonyítéka – a régi levetkőzése és az új felvétele? A gyülekezet tagjai akkor is törekednek-e a bűn elleni küzdelemre, ha lépten-nyomon botladoznak? Elkezdték-e megszeretni a többi kereszténnyel megélt közösséget? Éreznek-e újszerű motivációt a nem keresztényekkel való időtöltésre? A korábbi, nem keresztény életükhöz képest változnak-e a nehézségekre és kihívásokra adott reakcióik?

A Biblia szerinti megtérés nemcsak az igehirdetésekben, hanem a gyülekezet bemerítéssel és úrvacsorával kapcsolatos előírásaiban is megjelenik: törődést mutatnak, azaz nem erőltetik, hogy a lelkipásztor elhamarkodottan, előzetes felmérés nélkül merítsen be embereket.

Mindemellett a gyülekezet tagsággal kapcsolatos elvárásaira is hatással lesz: nem fognak azon nyomban hozzájárulni. Az is lehet, hogy előtte tagsági kurzust ajánlanak fel, esetleg azt kérik a leendő tagtól, hogy tegyen bizonyságot, és fejtse ki az evangéliumot.

A Biblia szerinti megtérés abban is megmutatkozik, hogy egy gyülekezet nem hajlandó félvállról venni az ismert bűnöket: az elszámoltathatóság, a bátorítás és az alkalomszerű megfeddés nem rendkívüli, hanem általános jelenségek a közösségben, és gyakorolják a gyülekezeti fegyelmet, amelyről a 12. fejezetben lesz szó.

A Biblia szerinti megtérés tehát az egészséges gyülekezet fontos jellemzője.

KILENCEDIK FEJEZET

AZ EGÉSZSÉGES GYÜLEKEZET FONTOS JELLEMZŐJE: EVANGÉLIZÁCIÓ A BIBLIA SZERINT

Megállapítottuk, hogy az egészséges gyülekezeteket magyarázó igehirdetés, bibliai teológia, Biblia szerinti evangélium és megtérés jellemzi. Ha tehát a gyülekezetek nem a Bibliát és az egészséges hitelveket tanítják, akkor egészségtelenné válnak.

Hogy milyen az egészségtelen gyülekezet? Prédikációi gyakran közhelyes és ismétlődő irányt vesznek, ám ami még ennél is rosszabb: kioktatóvá és énközpontúvá válnak, míg az evangéliumot aligha tartják többre, mint egyfajta lelki „önsegélyt". Ezenfelül a megtérésre emberi döntésként tekintenek, a gyülekezeti kultúra pedig, más-más léptékben ugyan (nagy vagy még nagyobb), de egyre inkább beleolvad a világi kultúrába.

Az ilyen gyülekezetek nem hirdetik Jézus Krisztus megváltásának csodálatos örömhírét – hogy finoman fogalmazzunk.

Az egészséges gyülekezet újabb jellemzőjét, a Biblia szerinti evangélizációt vizsgálva érdemes átgondolnunk, hogy a korábbi jellemvonásokról alkotott képünk (vagyis a sarokkövek és a fontos jellemzők, de főleg a megtérés) mennyire meghatározza, hogyan viszonyulunk a következőhöz.

Ám ha a gondolkodásunkat az formálja, hogy a Biblia mit tanít Istenről és a cselekedeteiről, továbbá mit mond az evangéliumról és a bűnös emberek legfőbb szükségéről, az rendszerint magával vonja a Biblia szerinti evangélizációt is. Ezúttal nem azzal szeretnénk szorgalmazni az evangélizációt, hogy megosztási stratégiákat sajátítunk el, hanem azzal, hogy magát az evangéliumot tanítjuk és értelmezzük.

Mindig is meghatónak tartottam, hogy az új hívők mennyire ösztönösen átérzik a megváltásuk mögötti kegyelmet. Bizonyára mindannyian hallottunk már olyan bizonyságtételeket, amelyekben megvallották, hogy a megtérésük Isten munkája volt (Ef 2,8–9): „Teljesen el voltam veszve a bűnben, de Isten..."

Amennyiben a gyülekezeteink félvállról veszik mindazt, amit a Biblia Isten megtérésben betöltött szerepéről tanít, akkor az evangélizáció csupán emberi feladattá válik, amelyet azért végzünk, hogy szóbeli bűnvallások szülessenek. Ha egy gyülekezet nem a Biblia szerint értelmezi a megtérést és az evangélizációt, akkor előfordulhat, hogy feltűnően több tagja van, mint rendszeres résztvevője. Ha ezen kapnánk magunkat, álljunk meg egy pillanatra, és tegyük fel a kérdést: vajon miért eredményez ennyi tagot az evangélizációnk, ha nem tudjuk, hogy közülük ki az, aki biztos a megváltásában? Mit mondtunk nekik a krisztusi tanítványságról, Istenről, a bűnről és a világról?

A Biblia szerinti evangélizáció valamennyi gyülekezeti tag számára döntő fontosságú – különös tekintettel a tanítás felelősségével bíró vezetőkre.

Az ige alapján keresztény elhívásunk része, hogy törődjünk a nem hívőkkel, és kérleljük, sőt meggyőzzük őket (2Kor 5,11). Ezt „az igazság nyílt hirdetésével" kell tennünk, ami pedig feltételezi, hogy „elvetjük a szégyenletes titkos bűnöket" (2Kor 4,2).

Az evangélizációnak tehát nem az a lényege, hogy minden tőlünk telhetőt megtegyünk azért, hogy valaki döntést hozzon Jézus mellett, és még kevésbé az, hogy valakire ráerőltessük az álláspontunkat. A lelki újjászületés kikényszerítésére tett erőfeszítés pontosan annyira hatékony, mint amennyire Ezékielnek sikerült embert alkotnia a halott, száraz csontokból (Ez 37), és éppen annyira lehetséges, mint amennyire Nikodémus képes volt újjászülni magát a Lélekben (János 3).

Az evangélizáció ugyanakkor nem egyenlő a személyes bizonyságtétellel, és nem feleltethető meg egyfajta józan hitvédelemnek sem, sőt még a jótékonykodással sem egyenértékű, noha mindhárom dolog a velejárója lehet. Az evangélizációt magával az eredménnyel sem szabad öszszetévesztenünk, mintha csak akkor lenne sikeres, ha megtérés követi.

De nem ám! Az evangélizáció során felszólalunk, az Istenhez való hűségünk jeleként örömhírt osztunk meg másokkal (amivel a nyolcadik fejezetben foglalkoztunk). Ez pedig nem más, mint hogy Krisztus a halála és feltámadása által lehetővé tette a szent Isten és a bűnös ember megbékélését. Isten akkor munkál ki valódi megtéréseket, amikor ezt az örömhírt mondjuk el (lásd Jn 1,13; ApCsel 18,9–10).

Az evangélizáció tehát röviden annyit tesz, hogy nyíltan, Isten szíveket formáló erejében bízva osztjuk meg az örömhírt (lásd ApCsel 16,14). „Az Úrtól jön a szabadulás" (Jón 2,10; vö. Jn 1,12–13).

Az evangélizáció során három dolgot próbálok kifejezni a döntésünket illetően:

- A döntésnek ára van, ezért alaposan meg kell fontolni (lásd Lk 9,62).
- A döntés sürgető, ezért mielőbb meg kell hozni (lásd Lk 12,20).
- A döntés megéri, ezért meg kellene hozni (lásd Jn 10,10).

Ez az üzenet, amelyet meg kell osztanunk másokkal: egyrészt személyesen a családunkkal és a barátainkkal, másrészt közösen, egyházként az egész világgal.

Az evangélizáció témakörében kiváló nyomtatott anyagokat érhetünk el: az evangélium értelmezése és az általunk használt evangélizációs eszközök közötti szoros kapcsolat felfedezésére ajánlom Will Metzger Tell the Truth (Az igazat megvallva – A ford.) című könyvét, Iain Murray-től a The Invitation System (A meghívó rendszer – A ford.) és a Revival and Revivalism (Ébredés és megújulás – A ford.) című munkákat, valamint saját, The Gospel and Personal Evangelism (Az evangélium és a személyes evangélizáció – A ford.) című írásomat.

A Biblia szerinti evangélizáció tehát az egészséges gyülekezet fontos jellemzője, hiszen valódi növekedés egyedül Istentől származhat, és a népe által mehet végbe.

TIZEDIK FEJEZET

AZ EGÉSZSÉGES GYÜLEKEZET FONTOS JELLEMZŐJE: TAGSÁG A BIBLIA SZERINT

Vajon a gyülekezeti tagság biblikus gondolat? Nos, bizonyos értelemben nem, mert az Újszövetségben nem fogunk olyan történetet találni, amely arról szólna, hogy Priszcilla és Akvila Rómába költözik, elmegy egy gyülekezetbe, majd egy másikba, és végül úgy dönt, hogy egy harmadikhoz csatlakozik. Amennyire tudjuk, senki sem „szemezgetett" a gyülekezetek között, hiszen minden lakóközösséghez csak egy gyülekezet tartozott; az Újszövetségben tehát nincsenek tagsági listák.

Ám az újszövetségi gyülekezetek alighanem rendelkeztek bizonyos listákkal, így például a gyülekezet által támogatott özvegyek névsorával (1Tim 5). Ami viszont ennél is fontosabb: az Újszövetség több szakasza is arra enged következtetni, hogy a gyülekezetek valamilyen módon azért számon tartották a tagjaikat; tudták, ki tartozik hozzájuk, és ki nem.

Megesett például, hogy a korinthusi gyülekezetben egy férfi olyan erkölcstelen életvitelt folytatott, „amilyen még a pogányok között sem fordul elő" (1Kor 5,1), ezért Pál arra szólította fel a gyülekezetet, hogy zárják ki az összejöveteleikről. Álljunk csak meg egy pillanatra! Hiszen nem lehet hivatalosan kizárni valakit, hacsak előtte nem fogadtuk be hivatalosan magunk közé.

Pál valószínűleg ugyanerre a férfira utal a korinthusiaknak írt második levelében, amikor azt mondja: „elég az ilyennek az a büntetés, amelyet a többség mért rá" (2Kor 2,6). Ezt is érdemes jobban átgondolnunk, hiszen csak konkrét csoport esetén beszélhetünk „többségről" – itt pedig a gyülekezet tagjairól van szó.

Pál számára azért volt fontos, hogy ki tartozik közéjük, és ki nem, mert a gyülekezeteket maga az Úr Jézus ruházta fel azzal a tekintéllyel, hogy – amennyire emberileg telik tőlük – határokat húzzanak maguk köré, mintegy elválasztva magukat a világtól.

„Bizony mondom nektek: amit megköttök a földön, kötve lesz a mennyben is, amit pedig feloldotok a földön, oldva lesz a mennyben is" (Mt 18,18; lásd még 16,19; Jn 20,23).

Mivel az egészséges gyülekezetek olyan közösségek, amelyek egyre jobban és jobban tükrözik Isten arcvonásait, arra kell törekednünk, hogy – amennyire lehet – a földi feljegyzéseink is képviseljék a mennyeit: vagyis azokat a neveket tartsuk számon, amelyek fel vannak jegyezve a Báránynál lévő élet könyvébe (Fil 4,3; Jel 21,27).

Ahogy az újszövetségi szerzők is kiemelték, egy egészséges gyülekezet feladata a hitüket megvallók befogadása vagy éppen elutasítása. Ehhez pedig arra van szükség, hogy a Biblia alapján értelmezzék a tagság fogalmát.

Ahogy a templom téglákból, a nyáj juhokból, a szőlőtő pedig vesszőkből áll, a test tagokból épül fel. Az egyházi tagság így bizonyos értelemben akkor kezdődik el, amikor Krisztus megvált és a teste részévé tesz minket. Ám ezt követően kifejezésre kell juttatnunk mindazt, amit elvégzett – méghozzá egy konkrét, helyi gyülekezeten belül. Ebből a szempontból tehát az egyházi tagság kezdete összefonódik azzal, hogy elkötelezzük magunkat egy gyülekezet mellett: vagyis a keresztény hitünk együtt jár azzal, hogy csatlakozunk egy gyülekezethez.

Éppen ezért az ige arra hív bennünket, hogy rendszeresen jöjjünk össze, és együtt éljük meg a közös reménységünk örömét, valamint buzdítsuk egymást szeretetre és jó cselekedetekre (Zsid 10,23–25). A gyülekezeti tagságunk nem merül ki annyiban, hogy számon tartják a bejelölt rubrikánkat, nem egyenlő valamilyen szentimentális érzéssel, ismerős helyhez köthető érzelemmel vagy a szüleink iránti hűségünk (vagy éppen hűtlenségünk) kifejezésével. Ha a gyülekezeti tagságunk nem tükröz valódi elköteleződést, akkor bizony hiábavaló – sőt még a hiábavalóságnál is rosszabb: inkább veszélyesnek nevezném, de erre a későbbiekben még kitérünk.

A keresztények akkor gyakorolják a gyülekezeti tagság intézményét, amikor felelősséggel és szeretettel számon tartják egymást. Ha azonosulunk egy konkrét, helyi gyülekezettel, azzal nemcsak azt fejezzük ki a gyülekezet lelkipásztorai és más tagjai számára, hogy mellettük kötelezzük el magunkat, hanem azt is, hogy az összejöveteleik, az adakozásaik, az imádságaik és a szolgálataik mellett is kitartunk. Lényegében azt kommunikáljuk, hogy elvárhatnak tőlünk bizonyos dolgokat – és elszámoltathatnak bennünket, amennyiben ezeket elmulasztanánk. Innentől kezdve tehát az ő felelősségük vagyunk, ők pedig a miénk, mégpedig kultúrák, sőt mi több: bűnös természetünk felett átívelően.

A Biblia szerinti tagság felelősségvállalással jár, ami pedig – ahogy az ige „egymást" szakaszaiban is látjuk – a kölcsönös kötelességeinkből ered: szeressétek egymást, szolgáljátok egymást, bátorítsátok egymást. Mindezek az egészséges gyülekezeti szövetség velejárói (lásd a függeléket).

Az utolsó három jellemző ismeretében ez is értelmet nyer, hiszen minél inkább becsben tartjuk az evangéliumot, minél jobban megértjük, hogy a megtérés Isten munkája, és minél tisztábban hívjuk fel a „keresők" figyelmét a kereszténységgel járó áldozatvállalásokra, annál inkább felismerjük az egymás iránti kölcsönös felelősségünket. Ilyen lelkület mellett egyre ritkábban fordul elő, hogy egyes keresztények számára „minden mindegy", mert úgyis csak a saját gesztenyéjüket akarják kikaparni a gyülekezetben – mintha egy keresztény bevásárlóközpont vagy piac rengetegében bolyonganának, ahol újabbnál újabb üzleteket fedeznek fel. Sokkal inkább az lesz rájuk jellemző, hogy testként tekintenek a közösségre, melynek egyes részei odafigyelnek egymásra, és otthonosan érzik magukat egymás társaságában.

Sajnos nem ritka, hogy jókora rés tátong a hivatalos tagok és a rendszeresen gyülekezetbe járók száma között. Képzeljünk csak el egy háromezer taggal rendelkező gyülekezetet, akik közül mindössze hatszázan járnak rendszeresen. Attól tartok, hogy manapság sok evangéliumi lelkipásztor inkább a bejegyzett tagok létszámával büszkélkedik, mintsem hogy a nem járók nagy száma miatt aggódna. Egy nemrég készült tanulmány szerint egy átlagos Déli Baptista gyülekezet (Southern Baptist Convention, felekezet az USA-ban – A szerk.) 233 tagot számlál, ám ezek közül mindössze hetven fő gyűlik össze vasárnap reggelente.

Vajon az adakozásunk ügyében jobb a helyzet? Van-e olyan gyülekezet, amelynek költségvetése megegyezik a tagjai éves összbevételének tíz százalékával – hogy a túllépést ne is említsük?

Igaz, hogy a részvételt fizikai korlátok, az adakozást pedig anyagi terhek akadályozhatják, ám igen elgondolkodtató, vajon a gyülekezetek bálványként kezelik-e a számokat. A számszerű ábrákat éppolyan könnyű bálványozni, mint a faragott szobrokat (talán még könnyebb is), ám úgy gondolom, hogy Isten nem a statisztikáinkra, hanem az életünk és a munkánk súlyára tekintve fog számot vetni.

Hogy mi olyan veszélyes a nem járó, a felelősségüket lekicsinylő gyülekezeti tagokban? Akik nem vonódnak be, azok mind a részt vevő tagokban, mind a nem keresztényekben összezavarják a kereszténység fogalmát. Ám az aktív tagok sem segítik az önkéntes passzivitásba vonultakat azzal, ha megengedik nekik, hogy a gyülekezet tagjai maradjanak, hiszen a tagság lényegében azt jelenti, hogy a gyülekezet elismeri az adott személy megváltását. Gondoltunk már erre? Ha tehát valakit a gyülekezetünk tagjának nevezünk, azzal azt mondjuk, hogy a gyülekezetünk valóban kereszténynek tartja őt.

De ha egy közösség már hónapok, sőt évek óta nem látott valakit, akkor hogyan támaszthatná alá, hogy az illető kitartóan futja a pályáját? Ha valaki nem vesz részt a szolgálatunkban, ugyanakkor másik, Bibliára épülő gyülekezethez sem csatlakozott, akkor honnan tudhatnánk, hogy egykor valóban hozzánk tartozott-e (lásd 1Jn 2,19)? Persze nem állíthatjuk biztosan, hogy ezek az emberek nem keresztények, ám azt sem tudjuk megerősíteni, hogy azok lennének. Vagyis nem azt mondjuk neki: „tudjuk, hogy a pokolba fogsz kerülni"; hanem azt: „már nem tudjuk teljes bizonyossággal azt állítani, hogy a mennybe fogsz jutni". Ha valaki folyamatosan hiányzik, ám a gyülekezet továbbra is jóváhagyja a tagságát, az legjobb esetben is naiv (a legrosszabb esetben pedig tisztességtelen) lépésnek nevezhető.

A Biblia szerinti tagságot gyakorló gyülekezet nem tökéletességet, hanem alázatot és őszinteséget vár el a tagoktól: nem mondvacsinált döntésekre, hanem valódi tanítványságra hívja el őket, és nem becsüli alá az Istennel megélt személyes tapasztalataikat, ám nem is feltételez túl sokat a még nem tökéletesített emberekről. Ezért tartja fontosnak az Újszövetség azok jóváhagyását, akik Istennel is, és egymással is szövetségben vannak.

Bízom benne, hogy a gyülekezetek tagsági statisztikái egyre érdemibb szerepet fognak betölteni, a névleges tagok pedig tényleges tagokká válnak. Ezzel sajnos együtt jár, hogy időről időre ki kell húznunk pár nevet a listáról (ám nem a szívünkből). Ezenkívül fontos, hogy az új tagok megértsék, mi Isten szándéka a gyülekezettel, és a jelenlegi tagokat is lépten-nyomon emlékeztessük arra, milyen elköteleződést vállaltak a gyülekezet életében. A mi gyülekezetünkben ezt többféleképpen is gyakoroljuk: tagsági kurzusokat tartunk, és a mindenkori úrvacsoravétel előtt hangosan felolvassuk az egyházi szövetség szövegét.

Ahogy a gyülekezetünk egyre egészségesebb lett, a vasárnap reggeli istentisztelet létszáma újra meghaladta a tagsági listán szereplő nevek számát. Mindenkinek erre kell törekednie a saját gyülekezetében.

Nem azzal fejezzük ki a régi barátaink iránt érzett szeretetünket, ha szentimentális okokra hivatkozva meghagyjuk a gyülekezeti tagságukat: akkor szeretjük őket igazán, ha szorgalmazzuk, hogy csatlakozzanak másik gyülekezethez, ahol heti, sőt napi szinten megélhetik, mit jelent szeretni és szeretve lenni. Éppen ezért ígérjük a gyülekezetünk egyházi szövetségében, hogy „ha elköltözünk innen, a lehető leghamarabb csatlakozunk egy másik gyülekezethez, ahol továbbra is megélhetjük a szövetség lelkületét és Isten igéjének alaptételeit". Ez az elköteleződés szerves része az egészséges tanítványságnak (különösen a mai, „átutazó" világban).

A gyülekezeti tagság helyes megélése számos előnnyel jár: világosabbá teszi a gyülekezetünk nem keresztényeknek szánt bizonyságtételét, megnehezíti, hogy a gyengébb juhok elkószáljanak a nyájtól, ám ennek ellenére mégis juhoknak nevezzék magukat, segít kialakítani és előtérbe helyezni az érettebb keresztények tanítványságát, és hozzájárul ahhoz, hogy a gyülekezet vezetői pontosan tudják, kikért tartoznak felelősséggel. Mindez pedig Istennek szerez dicsőséget.

Imádkozzunk, hogy a gyülekezeti tagság nagyobb hangsúlyt kapjon, hiszen így pontosabban tudhatjuk, kiért imádkozzunk, kit bátorítsunk, vagy éppen kinek a hitét állítsuk kihívás elé. A gyülekezeti tagság azt jelenti, hogy ténylegesen beleolvadunk Krisztus testébe, és bár idegenként és jövevényként, együtt élünk ebben a világban, míg egy nap el nem jutunk mennyei otthonunkba. Kétségtelen tehát, hogy a Biblia szerinti tagság az egészséges gyülekezet egyik fontos jellemzője.

TIZENEGYEDIK FEJEZET

AZ EGÉSZSÉGES GYÜLEKEZET FONTOS JELLEMZŐJE: GYÜLEKEZETI FEGYELEM A BIBLIA SZERINT

A gyülekezeti fegyelem a Biblia szerinti gyülekezeti tagság közvetlen következménye. A tagság egyfajta határt von a gyülekezet köré, és ezáltal mintegy elkülöníti a világtól; a fegyelem pedig abban segíti a közösséget, hogy hűséges maradjon a határán belüli értékekhez. A gyülekezeti fegyelem tehát indokolttá teszi a gyülekezeti tagságot, emellett pedig az egészséges gyülekezet egyik fontos jellemzője.

De mi is pontosan a gyülekezeti fegyelem? A szó legszorosabb értelmében azt jelenti, hogy egy magát kereszténynek valló embert valamilyen komoly, meg nem bánt bűn miatt kizárnak a gyülekezeti tagságból és az úrvacsorai részvételből – azaz olyan bűn következtében, amellyel nem hajlandó felhagyni.

A gyülekezeti fegyelem értelmezéséhez segítségünkre lehet a harmadik fejezet újraolvasása, amelyben azt vizsgáltuk, hogy mi Isten szándéka a teremtéssel, a világegyetemmel, az emberiséggel, Izraellel és az egyházzal. Isten azért hozta létre a világot, majd alkotta meg benne az saját képmására formált embert (1Móz 1,27), hogy megmutassa dicsőségét. Az emberek – Ádám és Éva – azonban nem tükrözték a dicsőségét, ezért kiűzte őket az édenkertből.

Isten ezután Izraelt hívta el arra, hogy a törvényben foglaltak alapján megmutassa szentségét és képmását a népeknek (lásd 3Móz 19,2; Péld 24,1, 25). A törvény azt a célt is szolgálta, hogy ez alapján némelyeket kiigazítsanak, vagy akár ki is zárjanak a közösségből (mint a 4Mózes 15,30–31-ben). Izrael tehát valójában a törvény értelmében száműzte magát az ígéret földjéről.

Az egyházat szintén azért hozta létre Isten, hogy egyre jobban tükrözze az ő igében kijelentett képmását. Ha konzekvensen követjük a teljes Biblia történetét, akkor arra jutunk, hogy a gyülekezeti fegyelem azok kizárását jelenti, akik könnyelműen szégyent hoznak az evangéliumra, és nem is mutatnak hajlandóságot a változásra. A fegyelem abban segíti a gyülekezetet, hogy hűségesen tükrözhesse Isten dicsőséges képmását, azaz szent maradhasson: azt hivatott elérni, hogy lepucoljuk a tükröt, és kihúzzuk a szálkákat (lásd 2Kor 6,14–7,1; 13,2; 1Tim 6,3-5; 2Tim 3,1–5). Hogy miért fegyelmezés által? Azért, hogy Isten szent és szeretetteljes képmása még tisztábban tükröződjön és még fényesebben ragyogjon.

De vajon hogyan működik a fegyelmezés folyamata? Mivel a bűn körülményei sokfélék lehetnek, a lelkipásztornak minden egyes helyzetet külön-külön, bölcsen kell mérlegelnie.

Ugyanakkor a Máté 18-ban Jézus általános alapelveket is felállít (Mt 18,15–17): az legyen az első lépés, hogy a vétkezőt négyszemközt intjük meg. Ha megbánja a bűnét, a fegyelmezés folyamata véget is ért. De ha nem teszi, akkor másodszorra is térjünk vissza hozzá, ám ezúttal egy másik kereszténnyel együtt. Ha még ekkor sem bánja meg a bűnét, akkor Jézus szavaival élve: „…mondd meg a gyülekezetnek. Ha pedig a gyülekezetre sem hallgat, tekintsd olyannak, mint a pogányt vagy a vámszedőt" (Mt 18,17), más néven kívülállót. Napjainkban ez sokak számára kíméletlennek tűnhet: Jézus nem tiltotta el a követőit az ítélkezéstől? A válasz bizonyos szempontból egyértelmű igen: „Ne ítéljetek, hogy ne ítéltessetek" (Mt 7,1), ám ugyanebben az evangéliumban Jézus arra is felszólítja a gyülekezeteket, hogy a bűnök miatt – akár nyilvánosan is – feddjék meg tagjaikat (Mt 18,15–17; vö. Lk 17,3). Szóval bármit is értett „ne ítéljetek" alatt, bizonyára nem vetette el mindazt, amit manapság az „ítélkezés" szóval nevezünk meg.

Kétségtelen, hogy Isten bíráskodik, hiszen az édenkertben megítélte Ádámot, az Ószövetségben pedig mind a népek, mind az egyének felett ítéletet mondott. Az Újszövetségben azt ígéri, hogy a keresztények a tetteik alapján esnek ítélet alá (lásd 1Kor 3), és azt is mondja, hogy az utolsó napon úgy fog megjelenni, mint a teljes emberiség végső bírája (lásd Jel 20).

Isten ítélete sosem téves, tehát mindig igaz, amit mond (lásd Józs 7; Mt 23; Lk 2; ApCsel 5; Róm 9). Ha a gyermekeit fegyelmezi, akkor az ítélete mögött húzódó cél kiigazító, megváltó és helyreállító, ám ha az istentelenekre árasztja ki a haragját, azt megtorló, bosszúálló és végleges szándékkal teszi (lásd Zsid 12). De bármi motiválja is, az ítélete mindig igazságos.

Manapság sokakat meglephet, hogy Isten alkalomadtán emberek által hajtja végre az ítéletét. Az állam felelőssége, hogy ítéletet hozzon a polgárai felett (lásd Róm 13). A keresztényeknek feladatuk, hogy megítéljék önmagukat (lásd 1Kor

11,28; Zsid 4; 2Pét 1,5). A gyülekezeteknek szintén dolguk, hogy adott esetben megítéljék a tagjaikat, de persze nem olyan végérvényesen, mint ahogyan Isten ítél meg bennünket. Az ige a Máté 18-ban, az 1Korinthus 5-ben és 6-ban, továbbá más helyeken is arra szólítja fel az egyházat, hogy hozzon ítéletet a saját berkein belül, ám ez az ítélet ne bosszúálló legyen, hanem megváltó célt szolgáljon (Róm 12,19). Pál például azt írja a korinthusi gyülekezetnek, hogy a házasságtörő férfit adják át a Sátánnak „teste pusztulására, hogy a lelke üdvözüljön" (1Kor 5,5), és ugyanezt javasolja Timóteusnak az efezusi hamis tanítókkal szemben (1Tim 1,20).

Ne lepődjünk meg azon, hogy Isten az ítélet vagy a fegyelmezés bizonyos formáira szólít fel bennünket! Ha azt az elvárást támasztjuk a gyülekezetekkel szemben, hogy ők határozzák meg, hogyan éljenek a keresztények, akkor azt is meg kell tudniuk határozni, hogyan ne. De attól tartok, sok gyülekezet úgy közelíti meg a tanítványság témáját, mintha lyukas vödörbe öntené a vizet: minden figyelmét arra fordítja, amit átad, arra viszont nem gondol, hogy az emberek miként fogadják vagy tartják meg. Ez a hozzáállás többek között abban mutatkozik meg, hogy az utóbbi időszakban lanyhult a gyülekezeti fegyelem gyakorlása.

Egy gyülekezetek növekedésével foglalkozó szerző nemrégiben így összegezte a gyülekezetépítési stratégiáját: „Nyissuk ki a bejárati ajtót, és csukjuk be a hátsó ajtót!" Ezt úgy érti, hogy a gyülekezeteknek elérhetőbbé kell tenniük magukat a kívülállók számára, és jobban kell teljesíteniük a lelki továbbvezetés terén. Nos, ezek valóban jó célok, mégis azt gyanítom, hogy manapság a legtöbb lelkipásztor és gyülekezet pontosan ezekre törekszik, méghozzá véglegesen. Ezért hadd osszak most meg egy olyan stratégiát, amely véleményem szerint biblikusabb ennél: gondosan őrizzük a bejárati ajtót, és nyissuk ki a hátsó ajtót! Vagyis nehezítsük meg a csatlakozást, és könnyítsük meg a kizárást, hiszen tudjuk, hogy nem a széles, hanem a keskeny út visz az életre! Azt hiszem, ez a stratégia járulna hozzá ahhoz, hogy helyreálljon a gyülekezeteknek a világtól való, Isten által elrendelt elkülönítettsége.

A fegyelem gyakorlásának egyik első lépése tehát az, hogy nagyobb gonddal ismerünk el új tagokat: a gyülekezet minden tagságra jelentkezőtől kérdezze meg, mi az evangélium, és derítse ki, hogy az illető mennyire érti, mit jelent Krisztust dicsőítő életet élni. A tagságra jelölteknek hasznukra válik, ha tudják, hogy a gyülekezet mind rájuk, mind az elköteleződésükre vonatkozóan elvárásokat támaszt. Ha a gyülekezetek nagyobb gonddal ismernek el és fogadnak be új tagokat, akkor a későbbiekben ritkábban kell majd helyreigazító gyülekezeti fegyelmezést alkalmazniuk.

A gyülekezeti fegyelmezést persze helytelenül is gyakorolhatjuk. Az Újszövetség azt tanítja, hogy ne ítéljünk el másokat pusztán feltételezett motivációk alapján (lásd Mt 7,1), és kevésbé lényeges dolgokért sem (lásd Róm 14–15). Fegyelmezéskor a hozzáállásunk ne bosszúálló, hanem szeretetteljes legyen: „könyörüljetek, de félelemmel" (Júd 23). Mi tagadás, a gyülekezeti fegyelem tele van bölcsességet és lelkipásztori gyakorlatot igénylő kérdésekkel. Ne feledjük: a keresztény élet bizony nehéz, és olykor visszaélésekre adhat lehetőséget, ám a nehézségeink akkor sem indokolhatják a mulasztásainkat.

Minden gyülekezet felelősséggel tartozik azért, hogy megítélje vezetői és tagjai életét és tanítását – különösen akkor, ha valaki aláássa a gyülekezet evangélium melletti bizonyságát (lásd ApCsel 17; 1Kor 5; 1Tim 3; Jak 3,1; 2Pét 3; 2Jn).

A Biblia szerinti gyülekezeti fegyelem egyszerűen annyit tesz, hogy engedelmesek vagyunk Istennek, és megvalljuk, hogy segítségre szorulunk. Vajon el tudnánk képzelni egy olyan világot, ahol Isten sosem használ embereket az ítélete végrehajtásához? Amelyben a szülők nem fegyelmezik a gyermekeiket, az állam nem bünteti meg a törvényszegőket, a gyülekezetek pedig nem feddik meg a tagjaikat? Ez esetben úgy jönne el az ítélet napja, hogy egyszer sem éreztük a földi ítélet súlyát, így semmi sem figyelmeztetett bennünket a ránk váró nagyobb ítéletre. Milyen irgalmas az Isten, hogy ezekkel az átmeneti büntetésekkel már most felhívja a figyelmünket az eljövendő, megmásíthatatlan ítéletre (lásd Lk 12,4–5)!

Az alábbiakban öt indokot sorolok fel arra, miért érdemes helyesen alkalmazni a gyülekezeti fegyelmezést. Szeretetet fejez ki

1. a fegyelemre intett személy számára, hiszen az ő javát szolgálja;
2. más keresztények számára, akik ezáltal meglátják a bűn veszélyeit,
3. amelyet a teljes gyülekezet egészséges működése iránt tanúsítunk,
4. amelyet a gyülekezet közös bizonyságtétele és a közösség nem keresztény tagjai iránt tanúsítunk;
5. amelyet Isten dicsősége iránt tanúsítunk: a mi szentségünknek Isten szentségét kell tükröznie.

Fontos, hogy legyen jelentősége a gyülekezeti tagságnak – nem a saját büszkeségünk kedvéért, hanem Isten nevéért. A Biblia szerinti gyülekezeti fegyelem tehát az egészséges gyülekezet egyik fontos jellemzője.

TIZENKETTEDIK FEJEZET

AZ EGÉSZSÉGES GYÜLEKEZET FONTOS JELLEMZŐJE: TANÍTVÁNYSÁG ÉS NÖVEKEDÉS A BIBLIA SZERINT

Az egészséges gyülekezet fontosnak tartja a Biblia szerinti növekedést, ám ehhez nemcsak a számszerű, hanem a lelki növekedés is hozzátartozik.

Némelyek úgy gondolják, hogy lehetünk egész életünkben „lelkileg kiskorúak"; ők a növekedésre egyfajta választható lehetőségként tekintenek, amely csak a buzgó keresztények számára érhető el. A növekedés azonban az élet jele: ha egy fa életben van, akkor növekszik. Az élet együtt jár a növekedéssel, ami annyit tesz, hogy egészen halálunkig fejlődünk és haladunk.

Pál azt remélte, hogy a korinthusiak növekedni fognak a hitükben (2Kor 10,15), az efezusiak pedig felnövekednek „szeretetben mindenestül őhozzá, aki a fej, a Krisztus" (Ef 4,15; vö. Kol 1,10; 2Thessz 1,3). Péter így bátorította olvasóit: „...mint újszülött csecsemők a hamisítatlan lelki tejet kívánjátok, hogy azon növekedjetek az üdvösségre" (1Pét 2,2).

A lelkipásztorok számára – sőt még egyes tagok számára is – csábító lehet úgy tekinteni a gyülekezetükre, mint a jelenlévők, a bemerítések, az adakozás vagy akár a tagság alapján levont statisztikai adatokra. Az efféle növekedés kézzelfogható ugyan, ám ezek a számok messze elmaradnak attól a valódi növekedéstől, amelyről az újszövetségi szerzők írnak – és amelyet Isten szeretne látni.

De vajon honnan tudhatjuk, hogy a keresztények mikor növekednek lelkileg? Az nem jelent garanciát, ha lelkesek, vallási kifejezéseket használnak, vagy bővítik az igei ismereteiket. Sőt az sem befolyásol semmit, ha látszólag nagyobb szeretettel viszonyulnak a gyülekezet iránt, vagy éppen biztosra veszik a hitüket. De még akkor sem tudhatjuk egyértelműen, hogy növekednek, ha ránézésre buzgón követik Istent. Mindezek a valódi lelki növekedés lehetséges bizonyítékai, ám a növekedés egyik legfontosabb (mégis gyakran elfeledett), biztos jele nem más, mint a keresztény önmegtagadásból fakadó egyre növekvő szentség (lásd Jak 2,20–24; 2Pét 1,5–11). A gyülekezeteknek ezért nagy hangsúlyt kell helyezniük tagjaik növekvő szentségére.

Ha elhanyagoljuk a szentséget (hasonlóan ahhoz, mintha félvállról vennénk a gyülekezeti fegyelmet), akkor bizony csak nehézkes növekedésre számíthatunk. Egy olyan gyülekezetben, ahol nincs következménye a bűnös viselkedésnek, a tanítványok összezavarodnak, hiszen nem értik, mit jelent Krisztust dicsőíteni az életünkkel. Az ilyen gyülekezet ahhoz a kerthez fog hasonlítani, amelyben sosem gyomlálnak vagy éppen sosem ültetnek.

Minden gyülekezet kötelessége, hogy Isten eszközeként segítse az emberek lelki növekedését. Ha egy hívő, szövetségre épült közösséget olyan hatások érnek, amelyek a lelki érettség és a szentség felé vezetik őket, akkor ezek Isten kezében egyfajta eszközként szolgálnak a nép lelki növekedésének kimunkálására. Isten népe szentségre és áldozatkész szeretetre épül, amihez az is hozzátartozik, hogy folyamatosan fejlődniük kell a fegyelmezés gyakorlásában és a tanítványságra való elhívásban.

Egy gyülekezet tagjainak lelki növekedése többféle módon is megmutatkozhat. Nézzünk néhány árulkodó jelet:

- Egyre többen éreznek missziós elhívást: „Jó érzés volt megosztani az evangéliumot a dél-amerikai szomszédommal. Kíváncsi vagyok, vajon Isten arra hív-e, hogy..."

- Az idősebb tagok átérzik az evangélizációban és a fiatalabb tagok tanításában betöltött felelősségük súlyát: „Átjönnél vacsorára?"

- A fiatalabb tagok pusztán szeretetből elmennek az idősebb tagok temetésére: „Húszas éveimben járó egyedülálló srácként annyira jólesett, ahogyan ez a házaspár annak idején fogadott engem..."

- A gyülekezetben egyre többet imádkoznak, és az imádságok kezdenek az evangélizáció és a szolgálati lehetőségek köré összpontosulni: „Evangélizációs bibliatanulmányozást indítok el a munkahelyemen, de kicsit izgulok. Imádkoznátok, hogy...?"

- Egyre több gyülekezeti tag osztja meg az evangéliumot másokkal.

- A tagok egyre kevésbé támaszkodnak a gyülekezeti programokra – helyette spontán szolgálatokba kezdenek: „Mit szólna a lelkipásztor, ha Sallyvel egyfajta evangélizációs alkalomként karácsonyi teázást szerveznénk a gyülekezet női tagjai számára?"

- A gyülekezet tagjai kötetlenül is összejönnek lelki dolgokról beszélgetni, méghozzá azzal a nem titkolt szándékkal, hogy akár a bűneikről is valljanak egymásnak, miközben végig a megváltást tartják szem előtt: „Hú, én most nagyon küzdök azzal, hogy..."
- Egyre több az áldozatkész adakozás: „Szívem, hogyan tudnánk ötven dollárt lecsípni a havi költségvetésünkből, hogy ezzel támogathassuk...?"
- Megsokasodnak a Lélek gyümölcsei.
- A tagok karrierjüket is érintő áldozatokat hoznak a gyülekezetért: „Hallottad, hogy Chris háromszor is elutasított egy előléptetést csak azért, hogy továbbra is vállalhassa az elöljárói szolgálatot?"
- A férjek önfeláldozóan vezetik a feleségüket: „Szívem, mit tehetek azért, hogy még jobban érezd, mennyire szeretlek és megértelek?"
- A feleségek alárendelik magukat a férjüknek: „Édesem, mit tehetek azért, hogy megkönnyítsem az életedet?"
- A szülők hitre nevelik a gyermekeiket: „Ma este azért imádkozunk, hogy legyenek keresztény munkatársak ebben és ebben az országban!"
- Közös akarattal büntetik a meg nem bánt nyilvános bűnöket.
- Még a fegyelmezést megelőzően közösen fejezik ki szeretetüket a megbánást nem tanúsító bűnös iránt – mégpedig azáltal, hogy aktívan keresik: „Ha megkapod ezt az üzenetet, úgy szeretnénk hallani felőled!"

Ez csak néhány jele annak a gyülekezeti lelki növekedésnek, amelyért nekünk is imádkoznunk és dolgoznunk kell. Vajon az egészséges gyülekezetek méretükben is növekedni fognak? Gyakran igen, hiszen sokak számára vonzó, ahogyan bizonyságot tesznek az evangélium mellett, ám ne higgyük, hogy ez mindig így van! Istennek olykor más céljai vannak, például az, hogy adott esetben türelemre intse népét. A legfontosabb, hogy mindvégig hűségre és valódi lelki növekedésre törekedjünk.

Hogy mi eredményez ilyen növekedést? Nem más, mint a magyarázó igehirdetés, az egészséges bibliai teológia, az evangélium-központúság, továbbá a Biblia szerinti megtérés, evangélizáció, tagság, fegyelem és vezetés.

Ha viszont a gyülekezetek olyan közösséggé válnak, ahol csak a lelkipásztor gondolatai hangoznak el, ahol Istent többször kérdőjelezik meg, mint ahányszor dicsérik, ahol az evangéliumot felhígítják és az evangélizációt elferdítik, ahol a gyülekezeti tagságot jelentéktelenné teszik, és megengedik, hogy a lelkipásztort egyfajta világi személyi kultusz lengje körül – nos, akkor aligha számíthatunk arra, hogy összetartó vagy építő lesz a közösség. Az efféle gyülekezet nem dicsőíti Istent.

Ám ha olyan gyülekezetre bukkanunk, amelyben a tagok krisztusi karaktere egyre erősödik, az vajon kinek lesz a dicsősége? Istennek, hiszen Pál azt mondja: „...Isten adta a növekedést. Úgyhogy az sem számít, aki ültet, az sem, aki öntöz, hanem csak Isten, aki a növekedést adja" (1Kor 3,6b-7; vö. Kol 2,19).

Péter hasonló következtetésre jut a korai keresztényekhez címzett második levelében: „Inkább növekedjetek a kegyelemben és a mi Urunk, üdvözítő Jézus Krisztusunk ismeretében. Övé a dicsőség most és az örökkévalóságban" (2Pét 3,18). Akár azt is gondolhatnánk, hogy a lelki növekedésünk nekünk szerez dicsőséget, de Péter felhívja a figyelmünket: „Tisztességesen éljetek a pogányok között, hogy ha valamivel rágalmaznak titeket mint gonosztevőket, a ti jó cselekedeteiteket látva, dicsőítsék Istent a meglátogatás napján" (1Pét 2,12). Péter bizonyára emlékezett Jézus szavaira: „Úgy ragyogjon a ti világosságotok az emberek előtt, hogy lássák jó cselekedeteiteket, és dicsőítsenek titeket?" Nem! „...(É)s dicsőítsék a ti mennyei Atyátokat" (Mt 5,16). A keresztény tanítványságra és növekedésre való törekvés tehát az egészséges gyülekezet fontos jellemzője.

TIZENHARMADIK FEJEZET

AZ EGÉSZSÉGES GYÜLEKEZET FONTOS JELLEMZŐJE: GYÜLEKEZETVEZETÉS A BIBLIA SZERINT

Milyen egy egészséges gyülekezet vezetése? Nos, olyan gyülekezetről beszélünk, amely az evangélium hűséges hirdetésére törekszik? Hogyne (Gal 1). Olyan diakónusokról, akik a gyülekezetben élik meg a szolgálatukat? Minden bizonynyal (ApCsel 6). Olyan lelkipásztorról, aki hűségesen hirdeti Isten igéjét? Természetesen (2Tim 4). Ám a Biblia ezeken kívül is megnevez egy vezetési szolgálatot a gyülekezetek számára, hogy ezáltal is segítse az egészséges működésüket: ez pedig nem más, mint az elöljárói pozíció.

Persze sok hasznos dolgot említhetnénk a Bibliából a gyülekezetvezetéssel kapcsolatban, de most elsősorban az elöljárók kérdéskörére fogunk koncentrálni, mert attól tartok, a legtöbb gyülekezet nem is tudja, mit veszít nélküle. Lelkipásztorként azért imádkozom, hogy Isten olyan férfiakat helyezzen a közösségeinkbe, akik pásztori törődése és lelki ajándékai azt igazolják, hogy Isten hívta el őket az elöljáróságra. Kívánom, hogy sokakat készítsen fel erre!

Ha Isten példamutató jellemmel, lelkipásztori bölcsességgel és a tanítás ajándékával áldott meg egy férfit a gyülekezetben, a közösség pedig – imádkozást követően – felismeri ezt, akkor azt az embert ki kell nevezni elöljárónak. Az apostolok cselekedetei 6 szerint a fiatal jeruzsálemi gyülekezetben azon kezdtek el civakodni, hogy miként osszák fel az ételt az özvegyek között, ezért az apostolok arra kérték a gyülekezetet, hogy válasszanak ki olyan férfiakat, akik jobban tudják felügyelni az osztást. Az apostolok azért döntöttek úgy, hogy ezt a feladatot másokra bízzák, hogy ők megmaradhassanak az imádkozás és az ige szolgálata mellett (ApCsel 6,4).

Ez az elöljárók és a diakónusok közötti munkamegosztás példájának tűnik, amely az Újszövetség további részeiben fog kiformálódni. Az elöljárók a gyülekezet érdekében legfőképp az imádságra és az ige szolgálatára helyezik a hangsúlyt, míg a diakónusok a gyülekezet fizikai működését segítik.

Kezdjük már látni, hogy gyülekezetként micsoda ajándék ez számunkra? Hiszen Isten lényegében azt mondja: „Kiválasztok közületek néhány férfit, és kinevezem őket arra, hogy imádkozzanak értetek, és rólam tanítsanak benneteket."

Minden gyülekezetben akadnak olyanok, akiket elöljárói feladatok elvégzésével bíztak meg, noha másképp – például diakónusnak vagy vezetőnek – nevezik őket. Az Újszövetség három, felváltva használt címmel illeti ezt a tisztséget: episkopos (felvigyázó vagy püspök), presbuteros (elöljáró) és poimaine (pásztor vagy lelkész). Mindhármat ugyanazokra a férfiakra használja, például Az apostolok cselekedetei 20,17-ben és 20,28-ban.

Mégis, amikor az evangéliumi hívők a „presbiter" szót hallják, sokaknak azonnal a „presbiteriánus" jut eszükbe. Ám a XVI. század első Kongregacionalistái (nagy K-val, mert a gyülekezetek hivatalos csoportját értjük alatta) azt tanították, hogy az elöljáróság valamennyi újszövetségi gyülekezetnek szánt tisztség. Az elöljárói pozíció tehát a XVIII–XIX. századi Egyesült Államok baptista gyülekezeteiben is jelen volt; sőt, a Déli Baptista Szövetség első elnöke, W. B. Johnson 1846-os értekezésében arra szólította fel a baptista gyülekezeteket, hogy még több elöljárót nevezzenek ki, hiszen nagyon is biblikus gyakorlatról van szó.

A baptisták és a presbiteriánusok két dologban nem értenek egyet az elöljáróságot illetően (és azt hiszem, ezek a kérdések azok számára is lényegesek, akik se nem baptisták, se nem presbiteriánusok). Az első és legfontosabb, hogy mi, baptisták kongregacionalisták vagyunk (kis k-val, mert ez esetben a gyakorlatot jelöljük meg a szóval). Hisszük, hogy a Biblia tanítása szerint az egyes ügyekben születő végső döntéseket a teljes gyülekezet hozza meg, tehát nem csak a gyülekezet elöljárói vagy bárki a gyülekezeten kívül. Amikor Jézus a bűnbe esett hívők szembesítéséről beszélt tanítványainak, azt mondta, hogy a végső fellebbviteli bíróság maga a gyülekezet – vagyis nem az elöljárók, egy püspök vagy a pápa, de még csak nem is egy tanács vagy egyezmény (Mt 18,17). Amikor az apostolok azzal kerestek fel férfiakat, hogy diakónusi szolgálattal bízzák meg őket, a végső döntést – ahogy az imént már említettük – a gyülekezetre bízták.

Pál leveleiben szintén azt látjuk, hogy a végső felelősség a gyülekezeté: az 1Korinthus 5-ben nem a lelkipásztort, az elöljárókat vagy a diakónusokat hibáztatja valamely tag bűnének eltűréséért, hanem magát a gyülekezetet. A 2Korinthus 2-ben visszautal arra, amit a gyülekezet többsége egy vétkező testvérük fegyelmezése érdekében tett, a Galata 1-ben pedig magát a gyülekezetet szólítja fel arra, hogy ítéljék el a közöttük hirdetett hamis tanítást. A 2Timóteus 4-ben nemcsak a hamis tanítókat feddi meg, hanem azokat is, akik fizettek nekik azért, hogy olyasmit hirdessenek, amit hallani akartak, mert „viszket a fülük". Az elöljárók tehát vezetnek, de – biblikus és szükségszerű okokból – a gyülekezet által meghatározott kereteken belül. Az elöljárók (valamint a baptista gyülekezet egyéb testületei és bizottságai) végső soron tanácsadói minőségben lépnek fel a teljes gyülekezet javára.

A baptisták és a presbiteriánusok az elöljárók szerepében és felelősségében sem értenek egyet; leginkább azért, mert eltérően értelmezik Pál Timóteushoz intézett szavait: „A vezetésben bevált presbiterek kétszeres megbecsülést érdemelnek: elsősorban azok, akik az igehirdetésben és a tanításban fáradoznak" (1Tim 5,17). A presbiteriánusok értelmezése szerint ez az igevers két csoportra osztja az elöljárókat: a vezető és a tanító elöljárókra. A baptisták nem ismernek el ilyen hivatalos felosztást, hanem úgy értelmezik ezt a verset, hogy az elöljárók közül néhányan többet kaptak, vagyis gyakorlatilag ők azok, akik tanítanak és igét hirdetnek. Hiszen Pál világosan kifejti Timóteusnak a levél egy korábbi szakaszában: minden elöljáró alapvető képessége, hogy „tanításra alkalmas" (1Tim 3,2; szintén lásd: Tit 1,9). Ezért a baptisták sokszor elvetik annak a lehetőségét, hogy egyes elöljárókat az ige tanítására alkalmatlannak minősítsenek.

Abban viszont mind a baptisták, mind a presbiteriánusok gyakran egyetértettek a XVIII. században, hogy minden helyi gyülekezetnek több elöljáróra is szüksége van. Az Újszövetség nem ír konkrét számot az egyes gyülekezetekhez, de egyértelműen és következetesen a többes számú, „elöljárók" megnevezést használja (például: ApCsel 14,23; 16,4; 20,17; 21,18; Tit 1,5; Jak 5,14).

Manapság nemcsak egyre több baptista (illetve számos egyéb felekezetbe tartozó) gyülekezet, hanem néhány szabadkeresztény közösség is kezdi felismerni ezt az alapvető, bibliai elgondolást.

Az, hogy több elöljáró is szolgál egy gyülekezetben, még nem jelenti azt, hogy a lelkipásztornak ne lenne megkülönböztetett szerepe: az Újszövetségben több olyan szakaszt is találunk, amely az igehirdetésről és az igehirdetőről szól, ám nem vonatkozik a gyülekezet összes elöljárójára. Pál apostol például Korinthusban kizárólag az igehirdetésnek szentelte magát – méghozzá olyan módon, ahogyan a gyülekezet többi elöljárója nem tudta volna (ApCsel 18,5; 1Kor 9,14; 1Tim 4,13; 5,17). Mindemellett azt látjuk, hogy az igehirdetők – az igehirdetés kifejezett szándékával – időről időre máshová költöznek (Róm 10,14–15), míg az elöljárók egy konkrét közösségen belül maradnak (Tit 1,5).

Egy hűséges, Isten igéjét rendszeresen hirdető lelkipásztor valószínűleg azt tapasztalja, hogy a gyülekezet és a többi elöljáró elsőnek tekinti őt az egyenlők között, aki „különösen" méltó a kétszeres megbecsülésre (1Tim 5,17). Ám az igehirdető vagy lelkipásztor alapvetően mégiscsak egy az elöljárók közül: tehát hivatalosan egyenlő azokkal a férfiakkal, akiket a gyülekezet erre a szolgálatra kért fel.

Saját lelkipásztori tapasztalataim azt igazolják, hogy – az újszövetségi gyakorlatot követve – érdemes más, gyülekezeten belüli férfiakkal is megosztani, hogy a gyülekezet pásztorolása milyen felelősséggel jár.

Az olyan, gyülekezetet érintő döntéseket, amelyekhez nincs szükség az összes tagra, nem szabad kizárólag a lelkipásztorra terhelni – ezek a teljes elöljáróság feladatkörébe tartoznak. Bár ez a gyakorlat olykor nehézkes, rengeteg előnnyel jár: kiegészíti a lelkipásztor ajándékait, pótolja a hiányosságait, és fejleszti az ítélőképességét. Mindemellett elősegíti a döntések gyülekezeten belüli támogatottságát, és ezáltal hozzájárul az egységhez, valamint ahhoz, hogy a vezetők kevésbé kerüljenek igazságtalan kritika kereszttüzébe. Ugyanakkor jobban megszilárdítja és állandósítja a vezetést, továbbá teret hagy a még jobb folytatásra. Az is elmondható, hogy nagyobb lelki felelősségvállalásra buzdítja a gyülekezetet, ezenkívül elősegíti, hogy kevésbé függjön az alkalmazottaitól.

Napjaink baptista gyülekezeteiben szokatlan jelenség, hogy egy közösségnek több elöljárója is legyen, mégis ez a tendencia jellemző mind a baptisták, mind más felekezetek esetében – méghozzá nem véletlenül: ma is ugyanolyan nagy szükség van nagyobb számú elöljáróságra, mint az Újszövetség korában.

A modern gyülekezetek hajlamosak összetéveszteni az elöljárókat a gyülekezeti munkatársakkal vagy a diakónusokkal. Fontos, hogy a diakónusok is újszövetségi tisztséget töltenek be, mégpedig – amint láttuk – Az apostolok cselekedetei 6-ban foglaltak alapján. Noha nem könnyű bárminemű abszolút különbséget tenni a két tisztség között, a diakónusok általában a gyülekezeti élet gyakorlati oldalával, azaz adminisztrációval és működtetéssel foglalkoznak, továbbá ők gondoskodnak a fizikailag rászoruló gyülekezeti tagokról. Napjainkban sok gyülekezetre jellemző, hogy a diakónusok vagy átveszik a lelki felügyelet szerepkörét, vagy teljes egészében átadják a lelkipásztornak, ám a gyülekezeteknek hasznukra válna, ha újra különbséget tudnának tenni az elöljárók és a diakónusok feladatai között. Hiszen vajon nincs-e szükségük mindkét szolgálatra?

A Biblia szerinti elöljáróság olyan tisztség, amelyet lelkipásztorként én magam is betöltök: én vagyok a legfőbb, igét hirdető elöljáró. Ám egy egész csapat elöljáróval dolgozom együtt a gyülekezet épülése érdekében, akik közül néhányan munkatársak, de többségükben nem azok. Időről időre összejövünk imádkozni, beszélgetni és javaslatokat tenni a diakónusok vagy akár az egész gyülekezet számára. Szavakkal ki sem tudom fejezni, hogy ezek az emberek mennyi szeretetet tanúsítottak mind irántam, mind a gyülekezet iránt azáltal, hogy osztoztak velem a pásztorolás terhében és kiváltságában. Ezért rendszeresen hálát adok értük Istennek.

Az elöljáróság tehát gyakorlati értékkel bíró, biblikus elgondolás. Ha megéljük a gyülekezeteinkben, az rengeteget segíthet a lelkipásztorunknak, hiszen terhet vesz le a válláról, és saját kicsinyes önkényét is visszaszorítja. Mindemellett azok a jellemvonások, amelyeket Pál – a tanítástól eltekintve – az elöljáróság feltételeiként nevez meg, olyan képességek, amelyekre minden kereszténynek törekednie kell (1Tim 3; Tit 1). Ha pedig nyilvánosan kimondjuk, hogy egyesek példaértékű életet élnek, azzal példát statuálunk mások számára – különös tekintettel a keresztény férfiakra. Az istenfélő, jó ítélőképességű, megbízható, ugyanakkor nem lelkész tagok elöljáróvá választása tehát az egészséges gyülekezet fontos jellemzője.

TIZENNEGYEDIK FEJEZET

ZÁRSZÓ:
JÖJJÖN A GYAKORLAT!

„**Már olyan sokszor** itt akartam hagyni ezt a gyülekezetet… annyit beszélnek a bűn elleni harcról meg mások szolgálatáról; ráadásul olyanok számoltassanak el engem, akik maguk is bűnösök?!?" – osztotta meg velünk nemrég a gyülekezetünk egyik elöljárója.

Majd így folytatta: „De tisztában vagyok vele, hogy pont ez a lényeg: hiszen még mindig bűnös vagyok, és le akarok számolni a bűnnel, ezért szükségem van elszámoltatásra, példamutatásra, törődésre, szeretetre és figyelemre. Az óemberem persze utálja ezeket, de nélkülük már valószínűleg elváltam volna a feleségemtől, sőt talán a másodiktól, majd a harmadiktól is, és sosem éltem volna együtt a gyermekeimmel. Isten az egyházán keresztül mutatja meg nekem kegyelmét és törődését."

Az egészséges gyülekezetek – vagyis azok a közösségek, amelyek egyre jobban és jobban tükrözik Isten igéjében kinyilatkoztatott képmását – nem mindig a legélhetőbb helyek.

A prédikációk hosszúra nyúlhatnak, és az elvárások is igen magasak lehetnek. Sokan talán túlzásnak érzik, hogy annyi szó esik a bűnről, az embereket pedig alkalomadtán tolakodónak vélhetjük. Ám a lényeg abban rejlik, hogy egyre jobban. Ha valóban egyre jobban tükrözzük Isten arcvonásait, akkor felismerjük, hogy a saját és a közösségi életünk egyes területei nem tükrözik őket: bizonyára akadnak a tükrön letörlésre váró foltok, valamint simításra szoruló egyenetlenségek. Márpedig ezeken dolgozni kell.

Isten annyira jóságos, hogy másokkal együtt megélt keresztény életre hívott el bennünket, hogy egymás iránti szeretetünk és törődésünk az ő szeretetét és törődését tükrözze. A világ számára egy kapcsolat elköteleződést jelent, és ez természetesen az egyházban sincs másképp. Istennek nem az a terve, hogy a lelki növekedésünk egyesével, külön-külön menjen végbe, hanem az, hogy másokkal együtt és mások által.

Vajon akkor az egészséges gyülekezet képes egyáltalán örülni? Ó, de még mennyire! Örül az érdemi közösségnek és a nem önmagáért létező, közös megváltás és imádat köré épülő valódi egységnek. Örömet szerez neki az adott és kapott krisztusi szeretet, ám a legcsodálatosabb mégis az, hogy örül, amiért az Úr dicsőségét tükrözi, és az ő képére formálódik dicsőségről dicsőségre (2Kor 3,18).

A harmadik parancsolatban (2Móz 20,7; 5Móz 5,11) Isten arra figyelmezteti népét, hogy ne vegyék hiába a nevét. Ezzel nemcsak a trágár beszédet tiltotta meg, hanem arra is felhívta a figyelmünket, hogy feleslegesen ne vegyük magunkra a nevét: például akkor, amikor hamisan mutatjuk be őt az életünkön keresztül. Ez a parancs gyülekezetként is vonatkozik ránk.

Manapság sok az egészségtelen gyülekezet, mivel könynyen összetévesztjük az önző nyereségvágyat a lelki növekedéssel, összekeverjük a puszta érzelmeket az igaz imádattal, s többre becsüljük a világ elfogadását, mint Isten jóváhagyását – ám ezt a jóváhagyást többnyire a világ ellenállását kiváltó élettel kaphatjuk meg tőle. Túl sok gyülekezetről elmondható, hogy – statisztikai kimutatásaik ellenére is – közömbösen viszonyulnak azokhoz a nagyon is biblikus tulajdonságokhoz, amelyek az élő, növekvő gyülekezeteket jellemezik.

Fontos, hogy a gyülekezet egészsége minden keresztényt foglalkoztasson, ám különösen azokat, akiket Isten a gyülekezet vezetésére hívott el. A gyülekezeteinknek az a feladatuk, hogy Istent és az ő dicsőséges evangéliumát tükrözzék a teremtett világ számára; nekünk pedig az, hogy közösségben megélt életünk dicsőséget szerezzen neki. Isten képviseletének terhe ezért egyszerre döbbenetes felelősség és hatalmas kiváltság.

Nos, akkor térjünk vissza a kezdetekhez! Mit is keresünk egy gyülekezetben? Olyan gyülekezetre vágyunk, amely a mi értékeinket és a közösségünk értékeit fejezi ki, vagy olyanra, amely Isten földöntúli, dicsőséges jellemét tükrözi? Ezek közül melyik képviseli azt a fényt, amelyet a hegyen épült város adhat a sötétben tévelygő világnak?

A kilenc jellemző bővebb kifejtése iránt érdeklődőknek a teljes könyvet ajánlom: Nine Marks of a Healthy Church (Az egészséges gyülekezet kilenc jellemzője – A ford.). Az egészséges gyülekezetépítés gyakorlatiasabb megközelítéséről a Paul Alexanderrel közösen írt, The Deliberate Church (A tudatos gyülekezet – A ford.) című könyvben esik több szó. A gyülekezet felépítésével kapcsolatos további információk – különös tekintettel a tagságra, az elöljárókra, a diakónusokra és a kongregacionalizmusra – A Display of God's Glory (Isten dicsőségének bemutatása – A ford.) című könyvemben találhatók. Végezetül pedig számtalan cikk, prédikációs hanganyag, könyv és elektronikus oktatóanyag lehet segítségünkre gyülekezeti élettel kapcsolatos kérdésekben a www.9marks.org weboldalon.

Javaslat a gyülekezetnek

Ha a könyv bármely része bátorító volt számunkra, jól vigyázzunk, miként fogalmazunk meg változtatási javaslatot a lelkipásztorunknak! Imádkozzunk, szolgáljunk, bátorítsunk, mutassunk jó példát, és legyünk türelmesek! Az egészséges gyülekezet lényege nem az, hogy milyen a hely, hanem az, hogy jól szeret-e a nép, amelyből a közösség áll. A szeretet pedig akkor mutatkozik meg leginkább, amikor számunkra kényelmetlen körülmények között tapasztaljuk. Gondoljunk csak bele, mennyi szeretetet kapunk Krisztusban!

Javaslat a lelkipásztorok számára

Ha a könyv bármely része bátorító volt számunkra, jól vigyázzunk, hogyan tálaljuk a változtatást a gyülekezetünknek! Legyünk türelmesek, szeressük az embereket, és hirdessük az igét!

FÜGGELÉK:
PÉLDA AZ EGÉSZSÉGES GYÜLEKEZETBEN KÖTÖTT SZÖVETSÉGRE

Miután Isten kegyelméből megbántuk bűneinket, hitünket az Úr Jézus Krisztusba helyeztük, és átadtuk neki az életünket, majd hitvallásunk alapján bemerítkeztünk az Atya, a Fiú és a Szentlélek nevében, most – az ő kegyelmes segítségében bízva – ünnepélyesen és örömmel újítjuk meg az egymással kötött szövetségünket.

Békében fogunk munkálkodni és imádkozni a Lélek egységéért.

Keresztény gyülekezetünk tagjaiként testvéri szeretettel bánunk egymással, szeretetteljes törődéssel és odafigyeléssel fordulunk egymáshoz, továbbá hűségesen kérjük és intjük egymást – amelyik éppen szükséges.

Nem mondunk le közös összejöveteleinkről, és nem hanyagoljuk el a magunkért és másokért való imádságot.

Az Úr gondoskodása és intése szerint próbáljuk felnevelni a mindenkor ránk bízottakat, ezenkívül tiszta és szeretetteljes példamutatással kívánjuk családunk és barátaink üdvösségét.

Örülünk egymás boldogságának, valamint próbáljuk gyengéden és együttérzően hordozni egymás terheit és fájdalmait.

Isten segítségével megfontolt, körültekintő életre törekszünk, elvetve a gonoszságot és a világ kívánságait, nem feledve, hogy – a bemerítés által önként eltemetve, majd a jelképes sírból feltámadva – immár különleges kötelezettségünk új és szent életet élni.

Együtt munkálkodunk gyülekezetünk hűséges, evangéliumi szolgálatáért, megőrizzük istentiszteletét, rendelkezéseit, fegyelmét és hitelveit. Jókedvvel és rendszeresen támogatjuk a szolgálatot, a gyülekezeti kiadásokat, a szegények megsegítését és az evangélium nemzeteken átívelő terjesztését.

Ha elköltözünk, a lehető leghamarabb csatlakozunk egy másik gyülekezethez, ahol továbbra is megélhetjük ezt a szövetségi lelkületet és az Isten igéjében foglalt alapelveket.

Az Úr Jézus Krisztus kegyelme, az Atyaisten szeretete és a Szentlélek közössége legyen mindnyájunkkal!
Ámen.

KÖSZÖNETNYILVÁNÍTÁS

Noha többen is segítettek megértenem és átélnem, milyen az egészséges gyülekezet, ketten közülük kiváltképp hozzájárultak a könyv létrejöttéhez.

A gyülekezeti hírlevélsorozatomat Matt Schmucker javaslatára dolgoztam át azzá a kiadvánnyá, amelyből ez a könyv született: ő folyton arra biztatott, hogy a könyv mondanivalóját szélesebb körben is tegyem elérhetővé; nélküle tehát nem hiszem, hogy valaha is megjelent volna ez a munka.

Jonathan Leeman pedig akkora hatással volt a könyvre, hogy még azon is elgondolkodtunk, vajon nem lenne-e jobb azt írni a borítóra, hogy „írta Mark Dever és Jonathan Leeman". Ám a hozzám társított anyagok mennyisége és ezek korábbi megjelenése az előző 9Marks kiadványban, valamint az írásmód (az „én" minden esetben rám utal, és a saját életemből hozok példákat) végül ahhoz a döntéshez vezetett, hogy nekem tulajdonítják a szerzőséget. Itt jegyezném meg, hogy Jonathan írta Orr uraság és Kézék példázatát, az Isten igéjének használatáról szóló újszövetségi kifejezések hosszú listáját és a könyv első felének egyes részeit is. A régi füzet új, kibővített – és reményeink szerint még hasznosabb – kiadássá szerkesztése során szintén nagyszerű munkát végzett. Mindent egybevetve tehát igazán tehetségesnek tartom, és rengeteg segítséget kaptam tőle. Olvasóként talán nem is sejtjük, mennyi mindent köszönhetünk neki. Ha Rá hallgatunk, olyanná válunk, amilyen Ő.

Az egészséges gyülekezet

Egészséges-e a gyülekezetünk?

A 9Marks célja bibliai látással és gyakorlati eszközökkel ellátni a gyülekezeti vezetőket, hogy egészséges gyülekezetek révén mutassák be Isten dicsőségét a nemzeteknek.

Ezért szeretnénk segíteni a gyülekezeteknek növekedni az egészség kilenc ismertetőjele szempontjából, melyeket gyakran szem elől tévesztenek:

1. magyarázó igehirdetés,
2. biblikus tanítás,
3. az evangélium biblikus felfogása,
4. a megtérés biblikus felfogása,
5. az evangelizáció biblikus felfogása,
6. gyülekezeti tagság,
7. biblikus gyülekezeti fegyelem,
8. biblikus tanítványság,
9. biblikus gyülekezetvezetés.

A 9Marks munkatársaiként cikkeket, könyveket, recenziókat írunk és online folyóiratot adunk ki. Konferenciákat szervezünk, interjúkat rögzítünk, és további forrásokat készítünk, hogy a gyülekezeteknek segítsünk bemutatni Isten dicsőségét.

A honlapunk több mint 30 nyelven kínál tartalmakat, és az olvasó feliratkozhat ingyenes online folyóiratunkra. Az idegen nyelvű weboldalaink teljes felsorolása itt található: 9marks.org/about/international-efforts/.

9Marks.org

Kiadja a Paulus Alapítvány
2049 Diósd, Hunyadi utca 8–9.
E-mail: konyvkiadas@paulus.hu
www.paulus.hu/alapitvany
Felelős kiadó: Kazár András

Korrektor: Flandera Marita
Szakmai lektor: Tóth Krisztián
Kiadói munkatárs: Kovács Andrea

Nyomdai előkészítés és kivitelezés:
Boltos Péter – Petit Grafikai Műhely

www.ingramcontent.com/pod-product-compliance
Lightning Source LLC
Chambersburg PA
CBHW071419070526
44578CB00003B/616